MIGUEL CONTRERAS
LEGACY OF A LABOR LEADER

Kent Wong and Michael Viola

UCLA Center for Labor Research and Education
Los Angeles, California

UCLA Center for Labor Research and Education
Los Angeles, CA 90095-1478

Printed in the United States of America

Library of Congress Control Number: 2009932207
ISBN 9780892150069

In memory of Miguel Contreras, and to the workers, immigrants, and youth of Los Angeles who are continuing the struggle for social justice.

En memoria de Miguel Conteras y por los trabajadores, migrantes, y jóvenes de Los Angeles que continúan con la lucha por la justicia social.

CONTENTS

Acknowledgements

Many thanks to those who contributed to the completion of this book, especially María Elena Durazo and the staff at the Los Angeles County Federation of Labor. We would like to thank the staff of the UCLA Labor Center, in particular, David Sickler, Jan Tokumaru, Julie Monroe, and Victor Narro for the valuable information and feedback they provided. We would like to express our gratitude to Slobodan Dimitrov for allowing us to use the powerful images he has documented over the years as a labor photographer in Southern California. We also thank Jocelyn Sherman with the United Farm Workers, Thomas Featherstone with Wayne State University, Barbara Maynard with Maynard Consulting, and Hilda Delgado for the photographs they contributed.

We would like to acknowledge good friends of Miguel's who shared their personal reflections: Speaker Karen Bass, Senator Gilbert Cedillo, Assemblymember Warren Furutani, Mike Garcia, Jackie Goldburg, Dolores Huerta, Rev. James Lawson Jr., Martin Ludlow, Eliseo Medina, Mayor Antonio R. Villaraigosa, and John Wilhelm.

We also thank Mary L. Gutierrez with the L.A. County Federation of Labor, Professor Monica Varsanyi with Arizona State University, and Larry Frank and Antonio Sanchez with the Office of the Mayor of the City of Los Angeles for their research assistance and support.

Thank you to Wendell Pascual for the book design, Terrie Cervas and Apollo Victoria with Habi Arts for their work on the Miguel Contreras exhibit, Jennifer Ruby for editing, and Gaspar Rivera-Salgado, Carolina Martinez, Alexandra Topete, and Veronica Wilson for their translation work.

~Kent Wong and Michael Viola

MIGUEL CONTRERAS: LEGACY OF A LABOR LEADER

"Now that Miguel is gone, it is our duty to **finish the work** he has begun among us. With the example of Miguel's life and work as our **guide**—with the **sacrifice and suffering** of **ordinary workers** who **organize**,

march, and walk a precinct everyday—let us continue the **fight** to grow this **great movement**, seeking divine assistance and inspiration, yet recognizing that ultimate success or failure rests in our **own hands**." [1]

~ *María Elena Durazo*

Miguel Contreras tragically passed away in May 2005 at the age of 52. He was one of the finest labor leaders in the country and led the revitalization of the Los Angeles labor movement, providing hope for hundreds of thousands of workers. His leadership in mobilizing political power for working people, organizing the unorganized, and building labor and community alliances helped transform the Los Angeles labor movement into one of the most dynamic in the country. The UCLA Labor Center is launching the new Miguel Contreras Foundation in his honor. The Miguel Contreras Foundation will help fulfill his dream for both the future of the labor movement and the hopes and aspirations of workers of every color, religion, sexual orientation, and ethnic background. As part of this effort, we have also developed this book and an exhibit so that they may be used for educational purposes by unions, community organizations, schools, libraries, and the public at large.

This publication presents the life and contributions of Miguel Contreras in five sections. First, we describe his roots with the United Farm Workers of America (UFW). Second, we address his leadership in revitalizing the labor movement. Third, we discuss his advocacy for immigrant rights. Fourth, we explore his historic efforts to build political power. Last, we describe his continuing legacy. It is our hope that this publication serves not only as a celebration of Miguel's life, but more importantly as an invitation to carry on his work for justice and dignity for all working people. ¡Miguel Contreras Presente!

Miguel Contreras and María Elena Durazo [courtesy of the L.A. County Federation of Labor]

ROOTS WITH THE UNITED FARM WORKERS OF AMERICA

Left: *Miguel Contreras holding UFW membership card [courtesy of Jocelyn Sherman and the United Farm Workers]*
Right: *Cesar Chavez and farm workers [courtesy of Wayne State Library]*

CHAPTER ONE

"As a **lifelong Chavista**, I believe the best way we can honor
Cesar's legacy is by **continuing his work**.
Cesar often said if his union did not survive his **death**,
then his **life** work would have been in vain" [2]

~*Miguel Contreras*

Contreras' UFW membership card signed by Cesar Chavez, September 1972 [courtesy of Jocelyn Sherman and the United Farm Workers]

Miguel Contreras was born on September 17, 1952, in the small town of Dinuba, California. His parents immigrated to the United States from Mexico under the Bracero Program.[3] Miguel grew up with his parents, Julio and Esther, and his five brothers in California's agricultural Central Valley.

It was here that Miguel first witnessed the intolerable conditions of farm workers as large-scale commercial agribusiness replaced family farms. By the age of five, Miguel was already helping his family pick grapes in the fields. At the age of 17, Miguel and his family attended a rally for Senator Robert F. Kennedy. There, they met the legendary labor leader Cesar Chavez. Very soon after this encounter, the Contreras family became active in the emergent United Farm Workers (UFW).

The Contreras Family and the United Farm Workers

The UFW was founded in 1962 as a result of the merger of the Agricultural Workers Organizing Committee (AWOC), which consisted of mostly Filipino American farm workers, and the National Farm Workers Association (NFWA), which was largely comprised of Mexican Americans. Under the leadership of Cesar Chavez and Dolores Huerta, the UFW transformed the union struggle for farm worker rights into a nationwide social movement.[4] With Chavez's leadership, the UFW successfully coordinated several nationwide direct actions such as consumer boycotts and strikes. As Chavez was an adamant believer in nonviolent strategies, his tactics included the Delano grape strike, various hunger strikes, and the 340-mile march from Delano to Sacramento in 1966. Such groundbreaking strategies were effective in drawing national attention to the plight of farm workers. Due to the UFW's organizational work, thousands of determined youth, the majority of whom were Chicano and Latino, committed their lives to the UFW ideals of worker rights and economic justice. Miguel Contreras was one such individual, and he and his father were elected union leaders at their grape and fruit tree ranch. In a personal speech delivered to workers in Long Beach, California, in 2005, Miguel reflected upon his family's experiences in the farm worker movement. He said,

> "One hot day in July 1970, the grower, L.R. Hamilton, gathered about 250 of his farm workers in a large tractor shed. Hamilton explained to us how he and all the grape growers were being 'blackmailed' by the grape boycott into signing contracts with the UFW. He said car lots of grapes were being returned unsold from Boston. In the middle of his speech, my father [threw] his hat up in the air and yelled, 'Viva Chavez!'" [5]

Miguel's Coming-of-Age and Leadership

By the end of 1970, the UFW successfully lobbied grape growers' to accept union contracts as well as organized most of the grape industry. The leadership of the Contreras family and Miguel, in particular, caught the attention of Cesar Chavez. Unfortunately, the family suffered serious consequences as a result of their union activities. Miguel stated,

> "At 4:30 [in] the morning our three-year UFW contract expired in 1973...The ranch supervisor and crew bosses assembled the entire Contreras family in front of our little home. With the headlights from their pickup trucks shining in our eyes, they fired us all." [6]

As a result, the Contreras family was placed on a growers' blacklist for being "Chavistas." Unable to find jobs in the area, they had to drive more than two hours north to work and earn their livings. Despite hardships, the Contreras family remained active in the union. In fact, Miguel, serving as picket captain, was arrested 18 times in a span of three months during the summer of 1973 for violating anti-picketing court injunctions.

UFW strike in 1968 [courtesy of Wayne State Library]

When the strike did not result in a new contract, UFW co-founder Dolores Huerta directed a grape boycott to build public support for the farm workers. Huerta recruited Miguel to launch the boycott operation in Toronto, Canada. The assignment was to last three months; instead Miguel stayed there for nearly three years, earning $5 a week plus room and board in a Jesuit seminary. Miguel stated, "I didn't even know Toronto was in another country when I left home for the first time." Miguel's years with the UFW throughout the 1970s was an instrumental period in his life. He dedicated this time of his life organizing against the harsh conditions endured by immigrant farm workers throughout North America. Reflecting on his experiences organizing workers with the UFW, Miguel eloquently stated:

"I learned...about courage and self worth. Neither my father nor Cesar Chavez thought of themselves or us as the growers did... as nothing more than agricultural implements, to be used and discarded like you would discard an old shovel or an old hoe. [The UFW] gave us a feeling of real self-worth and a feeling of breaking away those imaginary shackles you had to the grower and standing up for yourself." [7]

Right: *A young Miguel Contreras holding the UFW flag [courtesy of the L.A. County Federation of Labor]*
Above: *UFW constitutional convention, Fresno, CA, September 1973,*
Julio Contreras' delegate pin - UFW convention, Fresno, CA, August 1975
Miguel Contreras' UFW constitutional convention pin, August 1975 [courtesy of the L.A. County Federation of Labor]

The UFW as a Social Movement

As the UFW grew into a nationwide social movement, its members were able to attain important victories. The UFW was able to expose the inhumane conditions facing our nation's farm workers and to advance campaigns to change public policy. The union helped lobby for the passage of the Agricultural Labor Relations Act (ALRA) in the California State Legislature in 1975. Largely due to the victories of the UFW, California laws were enacted to provide some protection to farm workers to join unions and to bargain collectively with growers. The organizational work of the UFW was also important in developing a new generation of California's community, political, and labor leaders. The lessons of struggle shared among immigrants and workers within the UFW have become important reference points for many Los Angeles labor leaders as they link the labor movement with larger community demands for equality and social justice. For Miguel, it was through the UFW that he first realized that "in life we must stand up and fight nonviolently for what's right." Miguel's formidable years with the UFW transformed his political consciousness and served as an important reference point in his future work. He said,

"I remember the first time I believed in the power of people united in common purpose against abuse and oppression. I remember what it meant the first time I called someone who wasn't related to me 'brother' or 'sister.' Those are also lessons I learned from the two men who had the greatest influence on my life: my father and Cesar Chavez." [8]

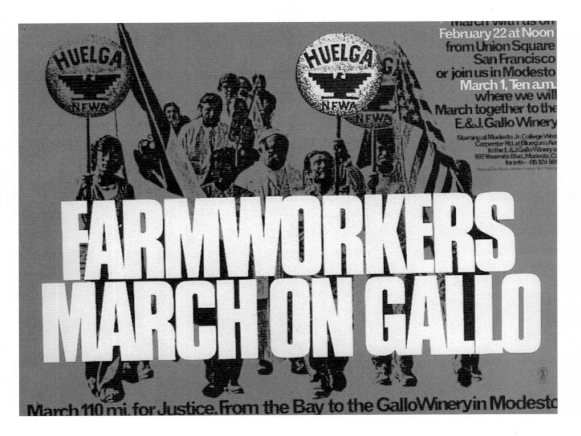

Farmworkers' march on Gallo [courtesy of Wayne State Library]

Reflections of Dolores Huerta

Miguel was one of the leaders of the 1973 UFW strike. Cesar said that he didn't want Miguel to get arrested, but the next thing we saw on the front page of the *Fresno Bee* was a photo of Miguel getting arrested. During the strike, they killed a couple of our people. They killed Nagi Difala, and two days later they killed Juan de la Cruz. We knew we had to pull the picket lines, because guns and bullets were being provided for the strikebreakers. The UFW leadership decided to stop the strike and send people to the boycott.

One of my jobs was to interview people for the boycott. I interviewed Miguel and he told me he was planning to go to college and that he was going to start in September. I told him not to worry, that he'll be back before school starts. He went to Toronto, and he ended up organizing there for three years. We let people volunteer wherever they wanted. I remember one person signed up for Boston thinking he had signed up for Barstow. Miguel didn't know that Toronto was out of the country. Miguel had courage to do things, to get out there and be in front. During the strike it was dangerous to be a leader. A lot of people were beaten up, getting their trailers and homes burned. It took a lot of courage.

When he came back from Toronto, Miguel had different assignments. He worked in various field offices for the farm workers: the Coachella field office, and after that he was assigned to be in charge of the field office in King City. After the passage of the Agricultural Labor Relations Act (ALRA), we had to go around to the different areas to get the workers signed up. He set up the whole contract administration, to file unfair labor practices, attend hearings, prepare farm workers to attend; he set up hiring halls, took care of grievances, all of the ALRA procedures and negotiations. The UFW leadership had a lot of confidence in Miguel. We didn't need to micromanage him. He did the work that needed to be done.

Miguel learned in the farm workers' movement that organizing had to start from the grassroots. The only way you can win is together with the workers. Miguel not only learned he also implemented this strategy for grassroots organizing. Many people profited from the skills they gained as UFW organizers. But everything Miguel learned, he did for the workers, not for his own aggrandizement. Everything he learned from the farm workers, he utilized for working people. He dedicated his time, his money, his heart for working people.

LABOR DAY '97
Honor
Strawberry
Workers'
Right to
Job Security

Reflections of Eliseo Medina

I first met Miguel in 1973,when we were both working for the United Farm Workers Union. He had been sent to the Coachella Valley as part of a team of organizers, during the grape strike. He struck me as a very quiet, polite, but very determined young man. I saw Miguel again in 1977, when the UFW started up a negotiators' school to develop the capacity to negotiate contracts at the hundreds of farms where elections had taken place in the previous two years. Miguel was clearly the best student in the school, quickly grasping both the principles of bargaining but more importantly the practical impact of the contract provisions on the day-to-day lives of the workers. His major advantage was his lived experiences as a farm worker in the San Joaquin vineyards. After that we both went our own ways, eventually leaving the UFW and going to work for other unions.

In 1996, I was elected executive vice president of the Service Employees International Union (SEIU) and moved to Los Angeles where I ran into Miguel. At this time he was the political director of the Los Angeles County

Federation of Labor. I was really surprised at how much he had changed. The quiet young man I once knew had transformed into a confident, knowledgeable leader with a clear and compelling vision for the future of the Los Angeles labor movement. When Miguel decided to run for secretary-treasurer, I was very happy to support him. With his victory, the Los Angeles labor movement was never the same. It went from being an old, stodgy federation to a vibrant, active, innovative movement on the cutting edge of community organizing and political action.

Under Miguel's leadership, labor forged a new relationship with immigrant workers and brought the fight for immigrant workers rights on the national radar screen. Miguel was instrumental in developing, supporting, and implementing strategies for immigrant rights. Without his leadership the current immigrant rights movement may not have been possible. He left an indelible mark not only on the book of labor, but also on the history of progressive California.

UFW grape boycott [courtesy of Wayne State Library]

UFW bumper sticker [courtesy of Wayne State Library]

Notes

1   Durazo, María Elena. Eulogy to her husband, Miguel Contreras. Los Angeles, California. 12 May 2005.

2   Contreras, Miguel. Address at the Cesar Chavez Day event. Glendale, California. 23 March 2004.

3   The Bracero Program was between the United States and Mexican governments and since its inception in 1942, brought roughly 4.8 million Mexican contract laborers to work in the U.S., primarily to work in the fields of California and Texas. The program was supposed to be a temporary program to fill the country's labor shortage as a result of World War II. But it lasted until 1964 due to the enormous profits it reaped for growers, who were legally able to thwart the efforts of unions.

4   For important references of the UFW see books *Philip Vera Cruz: A Personal History of Filipino Immigrants and the Farmworkers Movement* (Scharlin) and *Beyond the Fields: Cesar Chavez, the UFW, and the Struggle for Justice in the 21st Century* (Shaw).

5   Contreras, Miguel. Cesar Chavez Day event, Long Beach, California. 28 March 2005.

6   Ibid.

7   Rohrlich, Ted. "The *Los Angeles Times* Interview: Miguel Contreras: A Boss for a New Generation Broadens Big Labor's Appeal." *Los Angeles Times* 31 January 1999.

8   Contreras, Miguel. 28 March 2005.

REVITALIZING THE LABOR MOVEMENT

Left: *Construction unions' rally [courtesy of Slobodan Dimitrov]*
Right: *Miguel Contreras at media workers' rally [courtesy of the L.A. County Federation of Labor]*

CHAPTER TWO

"When I first came to L.A., I instantly **fell in love** with the city and knew **this was the place** I wanted to spend the rest of my labor career. I wanted to be on the **forefront of helping the unions** of Los Angeles build the kind of relationships they would need with minority communities to make organizing successful." [1]

-Miguel Contreras

The organizing campaigns of the UFW became a lasting symbol of the transformative potential of collective action, nonviolence, and social movement unionism for labor leaders in Los Angeles and throughout the nation. Like the farm workers of California's Central Valley, the majority of the state's urban working poor are immigrants from Latin America. Like immigrant farm workers, California's urban workers earn low wages in the harshest of working conditions. The Los Angeles labor movement has embraced the spirit of the UFW's struggle for worker rights.

HERE Local 11 and the Leadership of María Elena Durazo

In 1977, Miguel began working with the Hotel Employees and Restaurant Employees (HERE) Local 2 in San Francisco. Miguel's leadership ability blossomed in his 16-year tenure with HERE. He began as a business agent in San Francisco and was soon the staff director for the 14,000-member union. In 1979, Miguel coordinated San Francisco's citywide hotel strike that lasted 27 days. This major strike resulted in the largest wage and benefit increase in Local 2's history. It also led to Miguel's appointment as an HERE International Representative, where he organized casino workers and helped to rebuild HERE locals in New York, California, and Nevada.

HERE Local 11 New Otani Hotel demonstration: AFL-CIO national leaders Linda Chavez Thompson, John Sweeney, and Richard Trumka, along with María Elena Durazo

Civil disobedience to support Los Angeles airport workers: California Labor Federation's Art Puliask, María Elena Durazo, and Miguel Contreras [courtesy of SEIU]

In 1987, Miguel moved to Los Angeles to assist with the trusteeship of the 11,000-member HERE Local 11. During this time, Local 11 was involved in a heated internal struggle between a conservative, older, white, male incumbent and a young, progressive union leader named María Elena Durazo for its leadership. The election took place in March of 1987, but the ballots were never counted as the incumbent flagrantly violated election rules. Ultimately, the International Union placed the local under trusteeship due to the incumbent's mismanagement. Local 11's progressive organizers were concerned that the trusteeship would block the positive changes that Durazo and her allies had worked diligently to attain. In fact, many of the organizers were suspicious of Miguel's role as one of the trustees. Soon after Miguel arrived in Los Angeles, Durazo organized a picket to oppose Local 11's undemocratic old-guard leadership and their refusal to reach out to the large and growing Latino membership.[2] Reflecting on her presence, Miguel stated,

> *"She was a firebrand of a woman giving this passionate speech about workers' rights. She denounced me individually. I then knew that if I was to be successful here in L.A., I had to get [María Elena] on my side."* [3]

Miguel was successful. Not only did Miguel and María Elena become allies, but within three years, they were married.

After Local 11's trusteeship ended in May of 1989, Durazo was elected president. Under her leadership, Local 11 was an instrumental force in redirecting Los Angeles's union strategies towards organizing new members. Local 11 was also a pioneer in incorporating confrontational yet nonviolent tactics of civil disobedience, a strategy that Miguel fully embraced. The innovative tactics implemented by progressive sectors of the Los Angeles labor movement took on national importance as unions throughout the country faced significant setbacks in the late 1980s and early

1990s. These challenges included the nationwide collapse of the automotive, steel, and aerospace industries along with the anti-union offensive pursued by the Ronald Reagan and George H. W. Bush administrations.

Union Organizing Victories of the 1990s

The organizing victories of Los Angeles' diverse workforce in the early 1990s, particularly among immigrant workers, reverberated throughout the United States. Successful labor initiatives and campaigns, such as the Justice for Janitors (JfJ) campaign, the American Racing Equipment wildcat strike, and the organizing of Southern California's drywall workers, illustrated the dynamic power of immigrant workers. The JfJ campaign was especially symbolic of the emerging labor movement. A spotlight was cast on labor as janitors organized mass street demonstrations, attracted media attention, and challenged extreme economic inequality in Los Angeles. When the L.A. Police Department violently attacked nonviolent protestors on June 15, 1990, national and international media covered the incident. Beneath Century City's gleaming skyscrapers, dozens of janitors and supporters were viciously clubbed, including a pregnant woman who later suffered a miscarriage. Miguel was instrumental in garnering political support for the JfJ campaign as he called upon political leaders not only to support the janitors but also to march in solidarity with them.

These historic campaigns changed the strategy and tactics of the Los Angeles labor movement, and directly contributed to Miguel's belief that the Los Angeles County Federation of Labor (L.A. County Fed) could be a powerful force to unite workers and immigrants. Under Miguel's leadership, the federation emerged as a powerful vehicle for social and political change, and became one of the leading labor councils in the country.

The History of the Los Angeles County Federation of Labor

The L.A. County Fed was chartered in 1959, four years after the national merger of the American Federation of Labor (AFL) and the Congress of Industrial Organizations (CIO). The L.A. County Fed played a significant role in helping to elect Mayor Tom Bradley in 1973. Bradley would become a political fixture in Los Angeles for the next twenty years with a base that consisted of Los Angeles' African American community and white liberals concentrated in West Los Angeles. With its close relationship to the Bradley administration and the Democratic Party, the L.A. County Fed had an insider role in local politics and community development. Entrenched with the existing powers, the L.A. County Fed was not known for embracing social change, let alone initiating it. Before Miguel arrived at the L.A. County Fed, many union workers were openly hostile to immigrant workers and especially toward the undocumented. Cristina Vazquez, national vice-president of the Union of Needletrades, Industrial and Textile Employees (UNITE!), recollects:

> *"One time, we brought a group of Latino workers to an L.A. County membership meeting. The union people there were asking very racist questions like, 'Where's your green card?' 'You're not supposed to be here.' 'You're working for lower wages.' That was the kind of 'support' that we used to get from the L.A. County Federation."* [4]

This anti-immigrant sentiment was pervasive throughout the national labor movement until change occurred in the AFL-CIO leadership in 1995.

Miguel's union activism in Los Angeles began during a period marked by the Rodney King beatings in 1992, a national recession, and the first Gulf War. Miguel reflected on this tumultuous time period in Los Angeles, "As the tale of two cities go[es], it was the best of times and the worst of times. And for workers, it was the worst of times." [5] Los Angeles was a city of contradictions and bold experimentation as community organizers, immigrant-rights advocates, and union leaders challenged the status quo. Progressive Los Angeles unions strengthened their alliances with a growing, yet still marginalized, workforce of low-wage-earning Latino immigrants. Los Angeles was the first city in the nation where labor successfully organized sectors of its population that many experts believed to be "unorganizable."[6] As a result, Latinos and other people of color, women, as well as other historically marginalized groups were catapulted into leadership positions in Los Angeles, and were supported and encouraged by Miguel's assent to power in the labor movement.

The Transformation

In 1993, Miguel took the position of political director with the L.A. County Fed. After the untimely death of executive secretary-treasurer Jim Wood in 1996, Miguel was involved in a disputed election for the federation's leadership. The old guard publicly questioned Miguel's leadership, despite the fact that Wood had clearly expressed his desire to have Miguel succeed him. Bill Robertson, a longtime leader of the L.A. County Fed during the Bradley years, openly opposed Miguel's campaign and was quoted in the *Los Angeles Times* as saying, "Contreras is not qualified. Period."[7] Despite an election that was marked by racist undertones, Miguel was successfully

Miguel Contreras at supermarket workers' picket [courtesy of the L.A. County Federation of Labor]

Miguel Contreras at AFL-CIO convention

elected in May 1996. One of his first tasks as executive secretary-treasurer was to visit leaders of major unions in Los Angeles after his election. Reflecting on the challenges Miguel stated:

> *"I was amazed, more than amazed. I was shocked by the gaps in the relationships among unions. You know, the teachers not knowing the Teamsters, the building trades not knowing HERE, the SEIU not knowing the harbor unions, the entertainment unions not knowing the Communications Workers of America (CWA). So I did house visits to all the key leaders of our affiliates, the heads of the major locals. I asked what they wanted to see in the central body and explained that I needed their help in changing the L.A. County Federation of Labor."* [8]

David Sickler, labor leader and close friend of Miguel, reflected, "Miguel sat with people and did things one on one. He didn't take things personally. He never held grudges." Sickler continued, "He was smart enough to understand that a central labor council needed a united labor movement and quite simply, it was hard to resist Miguel's energy and his vision." [9]

Miguel brought his experiences as a UFW organizer to the L.A. County Fed, instilling a culture of grassroots activism within the federation. He called for local unions to mobilize for political power—to join the election campaigns, to staff the phone banking operations, to walk the precincts, and "to pound the pavement." Prior to his tenure, the L.A. County Fed had a limited sphere of influence within the community. As a central labor council, it had a reputation for "checkbook politics," in which the federation's political and community participation consisted primarily of giving money to pro-labor officials and political candidates. In many parts of the country, this method is still the predominant model for central labor councils. Miguel was clear in his desire to change the federation from a "business union" model to a social-justice movement that was at the forefront of instituting positive changes for workers and their families. He stated, "I don't want to be a statesman. I'm not here to make candidates and politicians happy. I'm here to organize. I'm here to organize the rest of the labor movement. That's my charge here." He continued, "Cesar taught me right, that every day we have to wake up and organize, organize, organize." [10]

Miguel was the first person of color to head the union council in its 102-year history. His position made him one of the country's most important Latino leaders, and with that responsibility his commitment to working-class and immigrant families grew stronger. Miguel stated, "I think my election is the labor union reflecting its membership, and I think it sends a strong message to the immigrant community that unions are not just open to them—we are them."[11] At the time of Miguel's appointment, the Los Angeles County Fed represented 325 unions and more than 600,000 workers. In the span of less than a decade, union membership in Los Angeles County blossomed as Miguel encouraged a culture of determined labor organizing. Miguel explained the federation's growth in an interview in 2002: "We have such a huge membership—about 800,000 union members in L.A. County. We're the biggest of any group, union or otherwise." He continued:

> "We have the most Latino members of anybody, the most African American members, the most Jewish members, the most women members, the most gay members, the most—you name it and we're the biggest of any group. And our agenda is not geographical or cultural or political. We're based on economics. That's what ties us together. That's what ties the Latino family with the black family who are both on strike together, because they're not fighting for who has a better job, they're fighting...for better economics." [12]

The Struggle for a New Los Angeles

Fortified by numbers and diversity, and with a leader that recognized the importance of both, Los Angeles witnessed labor victories of historical significance during Miguel's tenure. Yet, Miguel always assumed a modest tone when asked about the reach of his success and influence. In an interview, Miguel commented, "I think they're describing the L.A. Federation of Labor and not [me] ... and that's what I wish [people] would do, because it's not about one individual." [13] Nonetheless, Miguel's ability to garner widespread political and community support was instrumental in several organizing victories. For example, in 1999, the L.A. County Fed helped rally workers, elected officials, and the community in support for the unionization of homecare workers. As a result, 74,000 homecare workers, the majority of whom were people of color, women, and immigrants, joined SEIU Local 434B. This represented the largest union organizing victory in the country in decades. In April of 2000, the Justice for Janitors (JfJ) campaign launched a citywide strike. Ten years after the infamous beating in Century City, JfJ mobilized thousands of janitors and their supporters and won a historic contract with a 26 percent wage increase and medical insurance coverage. [14]

The janitors' strike set the tone for the contract negotiations of approximately 300,000 Los Angeles workers who faced expiring union contracts that same year. The L.A. County Fed coordinated membership mobilizations, community outreach events, and media activities to support various workers in their contract battles.

The L.A. County Fed played a key role in supporting the strike of Los Angeles bus drivers led by the United Transportation Union (UTU) and the Amalgamated Transit Union (ATU). The L.A. County Fed's support helped develop bridges of solidarity between the growing Latino unionized workforce and the transit workers, who were largely African American. *Los Angeles Times* reporter Nancy

Cleeland wrote about the broad based support Miguel was able to rally for the transit workers:

> *"Contreras...is a savvy and methodical strategist. He helped shape the union's message—'Saving Middle Class Jobs'—and spread it through English and Spanish-language media. He organized rallies with thousands of union members and arranged for strike support with $80,000 in donated food."* [15]

Eventually, Miguel invited Reverend Jesse Jackson to Los Angeles to mediate the contract negotiations and broker the public dispute. Due in large part to Miguel's intervention, people began to view labor as a unifying entity in a metropolis with a deep history of ethnic tension. Speaking about the potential for solidarity between African American and Latino workers, Miguel expressed labor's intentions:

> *"Our intention is to move forward and build a real community-based organization because these communities shouldn't be arguing with each other. When they do, they're arguing over crumbs. Instead, they ought to be talking about good employment [and] opportunities for all of them. The reality is they're not separate, because they live right next to each other. It's not like African Americans are on this side and Latinos are over there—they live right next to each other...I think that through our struggle for a better economic level, we can unite different neighborhoods."* [16]

In October 2003, another public dispute between transit workers and the Los Angeles County Metropolitan Transportation Authority (MTA) halted service on much of Los Angeles County's

Miguel Contreras at supermarket workers' rally [courtesy of the L.A. County Federation of Labor]

bus and rail lines. Because he understood the importance of this contract negotiation to support Los Angeles' diverse and emerging labor movement, Miguel was an active presence at the bargaining sessions.

Due to his consistent support over the years for transit workers and their contract struggles, Miguel was respected throughout Los Angeles' working class. He also earned respect for helping to unify diverse ethnic and religious groups. Miguel broadened the coalition between Westside liberals and African Americans forged by the Bradley administration to create a much wider base that truly represented the changing demographics of Los Angeles' working class. Commenting on Miguel's roles in the UTU's contract victories, UTU President James Williams said, "We owe Miguel Contreras a debt we can never repay." Williams echoed a sentiment held by many in the labor movement, as he said that Miguel "was a lifesaver, and we won't forget him. From now on, wherever Miguel Contreras wants us, whenever he wants us, we will be there." [17]

The success of both the janitors' and the transit workers' strikes brought new energy to other contract disputes, such as those faced by teachers, screen actors, and supermarket workers. In October 2003, approximately 60,000 grocery workers were involved in the longest supermarket strike and lockout in history. The regional strike led by the United Food and Commercial Workers (UFCW) was a grueling five-month campaign in which three national companies were intent on drastically reducing labor costs. The workers involved in the strike and lockout relied heavily on support from the L.A. County Fed. Miguel pledged full support for the grocery workers as the L.A. County Fed organized solidarity mobilizations and financial resources to assist the grocery workers. In February 2004, nearly 5 months after the strike and lockout began, the workers maintained strong public support, and the majority of shoppers honored their picket lines.

The Delegates Congress

On September 30, 2004, the L.A. County Fed held its first Delegates Congress. Miguel was the architect of this galvanizing event that united 1,000 delegates to forge unity around a common program, strengthen union organizing, and build political power for workers. Miguel understood that the labor movement in Los Angeles was not a monolithic entity but rather a complex organization that represented Southern California's immense diversity. He utilized the Delegates Congress to highlight points of unity within Los Angeles' working class. To mobilize for this inaugural event, Miguel assigned staff members of the L.A. County Fed to make house visits to each of the 345 affiliates within the federation that had over one hundred members. [18]

The delegates' convention was both electoral and programmatic. On the electoral front, Miguel wanted to develop a long-term plan to elect more "labor warriors" into state and local politics. Programmatically, Miguel set up a $1 million union defense fund to assist unions in their organizing and contract campaigns. The second programmatic initiative at the delegates' convention was to forge ties between the labor movement and students. While Miguel never went to college, he knew the importance of higher education for working families. At the Delegate's Congress, Miguel asked those in attendance who had attended community college. The majority of the delegates raised their hands, illustrating the working-class makeup of California's two-year community college system.[19] Miguel laid out a plan that would guarantee free tuition to local community colleges for Los Angeles residents. Miguel believed that such a campaign for "textbooks and tools" could inspire a labor-student alliance in California and across the country.

The Human Faces of Labor

Miguel humanized the labor movement. For him, workers were not distant and anonymous faces, but rather members of our community who contributed every day to our country. He promoted the fight for fair wages, safe working conditions, quality education, and universal health care coverage. Miguel's leadership within the L.A. County Fed also opened the doors of labor to immigrant workers from various religions, ethnicities, and national backgrounds. Miguel said:

"Labor unions have always been built on the backs of immigrant workers. The most exploited workers in our history have been immigrants. And the labor movement was born when immigrant workers tried to end their exploitation. The ground here [in Los Angeles] is very fertile." [20]

Supermarket workers' march

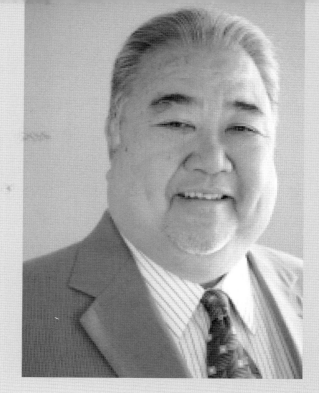

Reflections of Warren Furutani

I was backing my car out of a parking space at the L.A. County Federation of Labor. In those days I had an old Toyota, and suddenly I felt and heard a "bang." I jumped out of my car to see what I hit and saw Miguel laughing. He had kicked my bumper and then hollered at me to get an American car.

That was Miguel. He was a traditional union leader who believed in the basic tenets of labor organizing. "Buy American," "an injury to one is an injury to all," but most of all he believed in "organizing the unorganized." That's where Miguel's traditional beliefs parted company with the then dying labor movement. Rather than holding on to these beliefs and not transposing them to the times at hand, Miguel applied them to a new reality, and a new labor movement was born.

The unorganized were not the workers who once manned the assembly lines of industry; they were now the immigrants who picked the fruits and vegetables in the fields, turned down the beds in the hotels, and swept the floors in the skyscraper office buildings. Miguel along with other emerging labors leaders rejuvenated the labor movement in California by organizing the unorganized, those that at one time were ignored at best and scapegoated at its worst by the American labor movement.

Miguel also took it further. He brought together labor with community organizing. It was based on the simple belief that we shouldn't organize workers just at the job site but also in the communities where they lived. He also connected the organizing of workers with the students in community colleges. Those who were getting certificates in trades and skill areas where unions were already operating or should be were prime candidates for future union membership. That would put the labor movement ahead of the game, so to speak.

Reflections of John Wilhelm

Miguel Contreras is best known for his transformational contributions to the labor movement as the innovative leader of the Los Angeles County Federation of Labor. In our union, we think of Miguel as an important HERE leader who enthusiastically supported broader movements for social justice.

Miguel, like so many others, came out of the farm worker movement inspired by Cesar Chavez. He spent many years in HERE, in diverse assignments ranging from the rebuilding of Local 2 in San Francisco, the struggle for a union foothold in Reno, the cleanup of a corrupt restaurant local in New York City, and the transformation of Local 11 in Los Angeles. With Local 11 in Los Angeles, Miguel began to find the path that would be so crucial at the L.A. County Federation: organizing workers to fight for not only workplace justice but also community justice. He confronted head-on the fight for immigrant workers in a labor movement that in those days didn't welcome that fight. It was the pioneering contributions of HERE Local 11 and the L.A. County Fed as they combined worker and community mobilization with the fuel of the immigrant-rights movement. All of these powerful forces Miguel had the vision to unite, creating powerful political action that literally moved California from a red to blue state.

At HERE, we believe Miguel Contreras belongs to us, but we also realize that Miguel's legacy belongs to everyone committed to realizing justice in America.

Notes

1 Fine, Howard. "From Lettuce Fields to Labor Leader: 20 Years that Changed Los Angeles." *Los Angeles Business Journal* 19 July 1999.

2 The old guard leadership of Local 11 refused to translate contracts and provide interpreters to a growing number of its Latino members. See *Voices from the Front Lines: Organizing Immigrant Workers in Los Angeles* (Milkman and Wong).

3 Fine, Howard.

4 Milkman, Ruth and Kent Wong. Interview with Miguel Contreras. Institute for Labor and Employment Occasional Paper. Los Angeles: Institute for Labor and Employment, University of California, Los Angeles, 2001.

5 *The New Los Angeles*, Dir. Lyn Goldfarb, Beyond the Dream, LLC, 2005.

6 Delgado, Héctor L. *New Immigrants, Old Unions: Organizing Undocumented Workers in Los Angeles*. Philadelphia: Temple University Press, 1993.

7 Silverstein, Stuart. "L.A. Labor Federation Vote Divides Along Ethnic Lines." *Los Angeles Times* 17 April 1996, D1.

8 Milkman, Ruth and Kent Wong.

9 Sickler, David. Personal interview. 28 August 2008.

10 *The New Los Angeles*.

11 Kanter, Larry. "Union general: Miguel Contreras Interview." *Los Angeles Business Journal* 20 January 1997.

12 Milkman, Ruth and Kent Wong.

13 Gold, Matea. "L.A. Power Broker Faces Test." *Los Angeles Times* 21 March 2005, A1.

14 Frank, Larry and Kent Wong. "Dynamic Political Mobilization: The Los Angeles County Federation of Labor." *Working USA* 8 December 2004.

15 Cleeland, Nancy. "A Brinkmanship Test for Labor Federation Chief." *Los Angeles Times* 18 October 2000: A1.

16 Milkman, Ruth and Kent Wong.

17 Cleeland, Nancy.

18 Tokumaru, Jan. Personal interview. 25 August 2008.

19 Wong, Kent. Personal interview. 19 August 2008.

20 Kanter, Larry.

THE FIGHT FOR IMMIGRANT RIGHTS

Left: *No on Proposition 187 protest [courtesy of Slobodan Dimitrov]*
Right: *Jesse Jackson, Miguel Contreras, and Mike Garcia marching with janitors [courtesy of Slobodan Dimitrov]*

CHAPTER THREE

"I think my election is the labor union **reflecting its leadership**, and I think it sends a **strong message** to the immigrant community that unions are not just open to them—**we are them**." [1]

~ *Miguel Contreras*

The revitalization of the labor movement in Los Angeles is integrally linked to the organizing of immigrant workers that Miguel championed during his tenure with the Los Angeles County Federation of Labor. Miguel was adamant that the labor movement in Los Angeles could breathe new life into the national movement by organizing the area's new immigrant workforce.

This belief is eloquently expressed in one of Miguel's speeches:

> *"For generations, immigrants seeking to escape the tyranny and oppression of the Old World came to America seeking a new life of promise and opportunity. Today, if any place in America offers hope that working people can share in the bounty they produce, then it has to be Los Angeles."* [2]

Since the passage of the North American Free Trade Agreement (NAFTA) in 1994, there has been a growing influx of immigrant workers from Latin America into the United States. In fact, the United States witnessed the largest entry of immigrants during any period in American history after NAFTA's inception.[3] From 2000 to 2006, immigration accounted for approximately 45 percent of the change in the U.S. population.[4] Latino immigrants, primarily from Mexico, have become the fastest growing group in the United States, and in Los Angeles they occupy a dominant part of the low wage labor force.[5] The unauthorized migration of workers and families across national borders has become a prominent characteristic of international "free trade" agreements, where corporations are free to cross national borders, but workers are not.[6]

With Miguel at the helm, the L.A. County Fed aligned with progressive community organizations and immigrant-rights activists who understood that labor would be relevant only if it addressed the conditions of low-wage Latino immigrant workers. Miguel was clear to articulate this message as he said:

> *"We want to do everything possible to make sure that [immigrant workers] understand that the trade union movement and unions are the vehicle for the voice they can have in fighting for equality and equity on the job. Part of that is aligning ourselves with the issues that they care about, issues like minimum wage and immigration."* [7]

Miguel believed that if the new immigrant workforce organized and united as a force for positive social change in Los Angeles, it could become a model for other cities around the nation where immigrants live and work.[8]

Ironically, California's anti-immigrant political campaigns galvanized immigrant communities. The passing of the Immigration Reform and Control Act (IRCA) in 1986 provided amnesty for long-term immigrants without legal status. However, it also imposed employer sanctions that exacerbated the underground economy and criminalized undocumented immigrants seeking work. The passing of IRCA in Congress offered amnesty to approximately 3 million undocumented residents, and by 1993, they were eligible for naturalization and the right to vote. In 1994, California's Republican

Party and Governor Pete Wilson proposed Proposition 187. This ballot initiative was designed to deny undocumented immigrants access to social services such as health care and public education. It passed with 59 percent of the vote in November 1994, though it was later overturned in California courts. Proposition 187 politicized many Latinos who viewed it as an explicit attack against their families and communities. Speaking of the threat, Miguel said, "L.A. has always had a lot of immigrant workers, but the phenomenon of immigrants standing up for their rights began in 1994 after Proposition 187, which shook them up." He continued, "Since then, there has been a real backlash in the Latino communities, with more and more immigrants choosing to become residents, to become United States citizens, and even more important, to become involved in the political process."[9]

Proposition 187 was met with fierce resistance by immigrant-rights advocates and labor. Los Angeles, even during the civil rights era and anti-Vietnam War movement, was never home to the mass demonstrations seen in New York, Washington, DC, or San Francisco. However, through labor's support from immigrant-rights groups and the local ethnic media, an estimated 150,000 people demonstrated in front of Los Angeles City Hall in defiance against Proposition 187 in 1994. Soon a dramatic surge in naturalization took place among the eligible foreign-born population, and a new wave of Latino voting citizens emerged. In addition, a new and powerful coalition between Los Angeles labor and the Latino community was established.

The Republican Party responded to the historic mobilizations with more anti-immigrant and anti-worker ballot measures. These measures aimed to criminalize immigrant workers further as well as create a climate of fear, repression, and intimidation directed towards working-class Latinos. In 1996, Proposition 209 was passed, which eliminated affirmative action policies in public employment hiring and state university admissions. In 1998, Proposition 227 was approved by 61 percent of the electorate and eliminated bilingual education in California public schools.

Miguel Contreras speaking to janitors [courtesy of Slobodan Dimitrov]

Miguel's vision for the Los Angeles County Federation was to build a social-justice movement that transcended workplace issues solely. The new labor movement needed to address a living wage, the environment, health care, public education, civil and human rights, LGBT rights, and immigration policy. In regards to immigration, Miguel explained:

> *"We saw what it meant here in Los Angeles when somebody became a U.S. citizen, that the shadow was lifted. No longer were they intimidated, exploited, frightened. As citizens they were ready to stand up for themselves, whereas if they were undocumented they were afraid to go to the union, afraid to go to the different government agencies....These people thought they had no voice."* [10]

The leadership of Contreras, Durazo, and a cadre of California's progressive union leaders led the charge to change the AFL-CIO's stance on immigration policy on a national level. This was an enormous feat, as the AFL-CIO for five generations had held the position that undocumented immigrant workers undermined the opportunities of legal U.S. residents. The AFL-CIO opposed the granting of legal status to undocumented workers and supported employer sanctions, including civil and criminal penalties for hiring the undocumented. Several unions, such as SEIU, HERE, UNITE, and the UFW, with the support of the L.A. County Fed, exposed the contradictions of AFL-CIO policy that encouraged undocumented workers to join their local unions while also directly opposing immigrant workers' rights. This conflict reached a turning point at the 1999 AFL-CIO convention held in Los Angeles, when a pro-immigrants' rights resolution was introduced on the convention floor. This resolution called for the complete revision of AFL-CIO's policy regarding undocumented immigrant workers. Miguel stated:

> *"We were able to get our locals, and especially those that are predominately Latino, to consider asking the AFL-CIO to adopt a national immigration policy. Actually, they had one, but we thought it was a bad one that didn't fit in this era. We know that employer sanctions only worked against us in organizing, and we looked at the old policy through the eyes of organizers."* [11]

Soon after the 1999 convention, the AFL-CIO adopted a new platform in support of an amnesty program for undocumented workers. It was a drastic turnaround on a national level. The new platform also called for the repeal of employer sanctions, the legalization of millions of undocumented workers and their families, and increased workplace protections for immigrants. The AFL-CIO's Executive Board statement proclaimed that "undocumented workers and their families make enormous contributions to their communities and workplaces and should be provided permanent legal status through a new amnesty program." [12]

In 2000, the AFL-CIO held town hall meetings all over the nation to explain its support of extending legal status and collective bargaining rights to all immigrant workers in the United States. The town hall meeting that took place in Los Angeles was the largest in the country; the event drew approximately 20,000 people to the Los Angeles Sports Arena while thousands more waited outside. Speaking on the role of Los Angeles labor and the impact labor had on the immigrant-rights movement, Miguel explained:

> *"Los Angeles has the biggest concentration of foreign-born workers of any city in the United States, and the labor movement there has played a key role in organizing immigrants and in helping to position the AFL-CIO nationally to be a leader in the struggle for immigrant rights."* [13]

Left: *Janitors' strike [courtesy of Slobodan Dimitrov]*

Speaking to the historic battle for immigrant rights in Los Angeles, Miguel continued:

"We could see [in Los Angeles] the kind of appreciation that community groups and immigrants had for the labor movement pushing this forward. There are immigrants' groups who've been fighting this fight for twenty years, God bless'em, but they never had any kind of weight until the national labor movement lent its credibility and its influence to this cry for immigration reform. These national union presidents can get on the phone to talk to congressional leadership, and let them know that this is a big issue for us. It's become such a big issue that...members of Congress and the President [are] talking about it, but also the elected leadership in Mexico is meeting with the heads of the unions in the United States, and their foreign minister addressed the convention of the hotel workers on immigration. So immigration issues are in the national spotlight because of the labor movement." [14]

After the successful town hall meeting at the Los Angeles Sports Arena, the L.A. County Federation made great steps to advance immigration reform and to unite Los Angeles' diverse communities to support both worker and immigrant rights. In 2001, the great strides that were moving comprehensive immigration reform in this country were halted by the horrific attacks on September 11. Following September 11, all discussion around immigration reform was derailed by the call for national security and border enforcement.

In 2003, under the leadership of Durazo, UNITE-HERE, in collaboration with the L.A. County Fed, immigrant-rights groups, and faith-based organizations, made a strong attempt to revive the calls for immigration reform with the 2003 Immigrant Workers Freedom Ride. This summer-long campaign mobilized thousands of labor, community, and student volunteers throughout the country to develop new labor and community alliances for immigrant rights, to register newly naturalized immigrant voters, and to encourage their participation in the political process. Reflecting on the Immigration Workers Freedom Ride, Miguel stated:

"When we helped new Latino citizens with voter participation, we realized that working on immigration issues was the best way to build relationships with the Latino community. So, we spent a lot of time and financial resources in making that bridge in Los Angeles. We cultivated the new immigrant Latino vote, and today the labor-Latino alliance in Los Angeles is a very powerful mechanism." [15]

With Miguel at the helm, the Los Angeles County Federation of Labor made historic contributions in strengthening the labor movement from the bottom up. Miguel promoted visionary initiatives that united the struggles of labor with the social realities of Los Angeles' new immigrant workforce. As a result, labor's dramatic shift toward organizing the region's low-wage immigrant workforce has directly led to drastic political and policy shifts throughout the state and the nation. Political journalist Harold Meyerson said it best:

"Los Angeles was both the whitest and most anti-union big American city outside the South for much of the 20th century. That it should become the most dynamic union city in the nation, chiefly through labor's mobilization of the Latino immigrant workforce, is the most astonishing and significant civic transformation in recent American history—in part because in moving to the left, Los Angeles dragged California leftwards, too. And if there was one central figure in this transformation, it was Miguel Contreras." [16]

Immigrant Rights Town Hall, L.A. Sports Arena [courtesy of Slobodan Dimitrov]

Reflections of Senator Gilbert Cedillo

Miguel had this great way of building consensus. He would bring people together with competing interests and work out a solution that was best for all. You really had a sense of being involved in the solution; you understood and wanted to contribute to his vision for a unified labor movement and a unified Latino voice within that movement. Miguel was a visionary in that he saw increasing Latino representation in elected office as a way to increase support for contract negotiations—he wanted this at all levels, in the city, at the county, and in the state legislature. This was unprecedented. Miguel also took a huge risk in recruiting immigrant workers, largely Latinos, to strengthen membership. He painted the vision for us, which was instrumental in bringing the various groups together.

I think it was sheer force of personality that Miguel was effective. He was an amazing diplomat. Miguel would call people together and lay out a plan. He really worked at getting everybody's needs in and strongly believed that was necessary for the cohesion of the movement. Miguel's leadership style made a huge impression on me—and it sticks with me today.

Reflections of Mike Garcia

Miguel and I formed a close relationship in the mid-1990s. It was around this time I was the trustee of SEIU Local 399 and Miguel had just taken over the leadership of the L.A. County Federation of Labor. We worked very closely as he was a great labor ally in our Justice for Janitors campaign. He was unabashedly behind the immigrant-rights movement, and I believe such support was related to his own family's experience as immigrants. He was able to build a powerful political machine by making connections between labor and the interests of immigrant workers in low-wage sectors. This was very creative and innovative in the largest immigrant city in the country, if not the world. The connections that Miguel made rocked the political establishment. Today, the lines Miguel linked between immigrants, labor, and politics is widely seen as the model for other labor councils.

Los Angeles County has always been a crucial location for California politics and with Miguel at the head of the L.A. County Fed, he was the gatekeeper. He was instrumental in getting such figures as Hilda Solis, Jerome Horton, Karen Bass, Gilbert Cedillo, and so many others into political offices.

One story that illustrates Miguel's influence was in the political boycott of a large real-estate owner in Los Angeles. This owner was a key donor in the Democratic Party and would hold fundraising events at his home. He also refused to recognize the right of security guards to organize. Miguel asked all of the elected officials who the L.A. County Fed supported in their campaigns to not attend the fundraising event. Miguel soon found out that an elected official supported by L.A. labor spoke at the event. Miguel met with the elected official and asked for him to make a personal phone call to the donor right in Miguel's own office to clarify the official's position and how he was in support of the security guards' right to organize. This story symbolizes how Miguel viewed the role of elected officials; they are elected to work for the people.

Garment workers' march [courtesy of Slobodan Dimitrov]

Notes

1 Kanter, Larry. "Union general: Miguel Contreras Interview." *Los Angeles Business Journal* 20 January 1997.

2 Contreras, Miguel. Address at the First Delegate's Congress. Los Angeles, California. 30 September 2004.

3 Bacon, David. *Illegal People: How Globalization Creates Migration and Criminalizes Immigrants.* Boston: Beacon Press, 2008.

4 UCLA Labor Center. "The Immigrant Rights Movement in Los Angeles," PowerPoint presentation. 11 March 2008. http://www.labor.ucla.edu/publications/index.html

5 In 2005, immigrants made up about 15 percent of the U.S. civilian labor force and 20 percent of low-wage workers.

6 By one estimate in 2002, there are approximately 9.9 million undocumented people in the United States. Many social scientists agree about the arduous task of compiling accurate statistics about undocumented populations. Many agree that undocumented migrants are often underrepresented or miscounted in government statistics and census figures.

7 Milkman, Ruth and Kent Wong. "L.A. Confidential: An Interview with Miguel Contreras." *New Labor Forum* Spring/Summer 2002.

8 Ibid.

9 Ibid.

10 Ibid.

11 Ibid.

12 Varsanyi, Monica. "The Paradox of Contemporary Immigrant Political Mobilzation: Organized Labor, Undocumented Migrants, and Electoral Participation in Los Angeles." *Antipode* 37.4 (2005): 775-795.

13 Milkman, Ruth and Kent Wong.

14 Ibid.

15 Ibid.

16 Meyerson, Harold. "The Architect: Miguel Contreras, 1952-1995" *L.A. Weekly* May 2005.

BUILDING POLITICAL POWER

Left: *Alex Padilla, Miguel Contreras, Gilbert Cedillo, and Hilda Solis [courtesy of Slobodan Dimitrov]*
Right: *Antonio R. Villaraigosa and Miguel Contreras [courtesy of the L.A. County Federation of Labor]*

CHAPTER FOUR

"**Supporting** a candidate is **no longer** about bringing them into our banquet so they can take a grip-and-grin photograph for our newspaper.
It's about what you, the candidate, are going to do to **level the playing field** of organizing for **workers.**" [1]

~ Miguel Contreras

The revitalization of Los Angeles labor and the struggle for immigrant rights intertwined during the 1990s in a complementary movement to support unions, immigrants, and working families. Miguel was the architect in translating the successes of the labor movement beyond the workplace and into the voting booth.

During his tenure as the executive secretary-treasurer, the L.A. County Fed went from an insider ally of the Democratic Party to an independent and progressive political force that changed politics in Los Angeles and the state of California. Miguel deepened the L.A. County Federation's ties to the Latino community and created a mobilization program that not only endorsed but also catapulted political candidates into elected positions on the local, state, and national levels. In his speech delivered to 1,000 union members attending the federation's first delegates' congress in September 30, 2004, Miguel explained:

> "We changed the way unions deal with politics in L.A. We stopped being an ATM for political parties and a piggy bank for politicians. Instead, we invested resources reaching out to the rank-and-file: getting them to become citizens, registering them to vote, educating them on the issues, and getting them to the polls. Our affiliates can put thousands of dedicated, disciplined activists on the streets and phones in any given campaign. We became an organized voting bloc in L.A., and it keeps growing. As a result, we have become a powerful force for progressive change in L.A. politics." [2]

Miguel's vision to expand the mobilizing capacity of the L.A. County Fed advanced a progressive movement that changed the political landscape.

Establishing the Links between Organizing and Politics

Labor's electoral influence was the result of the systematic efforts by the Los Angeles County Federation to build a grassroots political organization and a mobilized voting base. Serving as the political mastermind, Miguel understood that the cornerstone of labor's political capacity rested in a labor-community coalition developed and strengthened at the door-to-door level.

After taking over the L.A. County Fed's leadership in 1996, Miguel employed a grassroots, member-to-member political strategy. This was a drastic move away from the political endorsements and financial support, largely unengaged from the community, historically embraced by most central labor councils. During the 1970s and 1980s, it was rare for union members to walk precincts in large numbers during election campaigns. In Los Angeles, labor's civic engagement previously meant raising money to fund television and radio advertisements and campaign mailings. Miguel decided to end this passive form of political support. In an interview with the *Los Angeles Times*, Miguel explained, "We decided we're going to put our checkbooks away and tell the politicians to put their hands away, [and] that we're going to spend more of our resources on educating our rank and file." He elaborated:

> "We no longer campaigned for the candidates, telling our members why candidate A was a great guy and candidate B was not so great. We decided to tell them, 'These are the issues: overtime, worker protection and medical benefits,' and where the candidates stood. And time and again

it showed that the candidates we wanted to endorse had the better record. It was a matter of educating our members. Because we found out that if we sent them a slate card without any explanation, it didn't mean anything." [3]

Miguel transformed the L.A. County Fed's political program by building on successful immigrant organizing campaigns and infusing that energy into political work. Miguel explained, "We have a vast array of activists, many of whom are immigrant workers. Many of them are undocumented who don't have the right to vote. But they can still help us get out the vote, help us educate the voters." [4]

Under Miguel's leadership, the L.A. County Fed developed political programs that first were embraced by active unions involved in organizing immigrant workers. The L.A. County Fed devoted extensive resources to help immigrants become naturalized citizens and mobilize them at the polls. These historically excluded groups were empowered to participate in electoral politics. Los Angeles politics soon became a site of energetic mobilization programs that linked newly organized immigrant workers with native-born union members, students, and community activists. Miguel explained:

L.A. County Federation of Labor phone bank [courtesy of the L.A. County Federation of Labor]

"Since we spend so much time and resources educating and activating our membership, we also decided to set the bar higher for our elected officials. Now we demand the politicians we helped elect be more than just a good vote for working families. They must be warriors for working people." [5]

Due to its success, many commentators have called the L.A. County Fed the "800-pound gorilla" of local politics, acknowledging its political power and far-reaching influence. While the label conveys the power of the Los Angeles labor movement, it does not capture its democratic vibrancy.

Labor's Democratic Process

Miguel utilized the organizational structure of the labor movement to politically engage the city's new immigrant workforce. For many of the union locals, the political endorsement process begins in union halls where various locals invite political candidates to speak directly to the rank-and-file membership. The general membership then votes for its preferred candidate, and that endorsement is forwarded to the L.A. County Fed as part of its broader endorsement process. According to migration scholar, Monica Varsanyi:

"While there are instances in which the rank and file candidate does not end up being endorsed by the L.A. County Federation, more often than not, the direct will of the unions' membership is expressed in the endorsement process in these immigrant-dominant, democratic unions." [6]

An endorsement from the L.A. County Fed is accompanied by a ready and willing cadre of immigrants and workers to participate in grassroots campaign efforts such as "get out the vote" (GOTV) drives. Miguel greatly expanded the GOTV drives to include precinct walks, distribution of campaign literature, registration of new voters, and the promotion of civic engagement. Miguel was also instrumental in expanding the use of computer generated phone banks. Varsanyi describes how potential voters are reached in the phone bank process:

"A volunteer is given a place at a computer terminal and a telephone from which to work. Telephone banks have evolved into a technologically sophisticated means of political outreach. Volunteers sit in front of a monitor, on which a name, telephone number, and script appears. When they are finished with one call, the next name pops up and the process repeats." [7]

Varsanyi compares phone banking to sophisticated telemarketing, in which instead of selling magazine subscriptions, union volunteers promote "subscriptions to the democratic process." [8]

Mobilizing the Necessary Resources

The political programs that Miguel initiated would not have been possible without both human and financial resources. The L.A. County Fed was able to mobilize workers at the grassroots level as well as garner the necessary economic resources to support progressive political campaigns. This support was instrumental due to the high cost of California's political process and the limited resources available to working-class communities to encourage the participation of new immigrant voters. Miguel Contreras, María Elena Durazo, and SEIU International Vice President Eliseo Medina set up the Organization of Los Angeles Workers (OLAW). OLAW was created to support the political and educational development of union activists who mobilized voters in underrepresented communities of Los Angeles. Through loss-time provisions, unions have the

Gilbert Cedillo and Miguel Contreras [courtesy of Slobodan Dimitrov]

capacity to buy out the time of workers, also known as loss-timers, so they can take a temporary leave from their employment to engage in voter registration drives and political campaigns.[9] The majority of loss-timers return for future political campaigns, improving their skills and training by participating in multiple elections. Loss-timers have been an important cornerstone in the development of labor's political power that is anchored by a grassroots approach to labor and community organizing.

Miguel's political mobilization strategy fundamentally changed the political environment in the city and throughout the state of California. Under his leadership, the L.A. County Fed was able to effectively mobilize thousands of union activists during election season and target both newly naturalized immigrant workers and fellow union members. Journalist Harold Meyerson described Miguel's political and organizational impact in this manner:

> *"I can think of no one in city politics today—and I don't mean just in Los Angeles, I mean anywhere in the United States—who commands quite the network of dedicated precinct walkers, financial resources, and skilled consultants that Contreras does, year in, year out."* [10]

Furthermore, Meyerson described the L.A. County Fed's success in incorporating Los Angeles' immigrant working class in the political process as "the most astonishing and significant civic transformation in recent American history." [11] During Miguel's tenure, the L. A. County Fed helped to elect numerous labor champions to political offices.

Historic Campaigns

In 1996, five of the six candidates for state legislature, who were backed by the L.A. County Fed, won their races. They were aided by $160,000 in union campaign contributions.[12] In 1997, the L.A. County Fed endorsed Gilbert Cedillo, a labor leader from SEIU 660, for the California State Assembly. Cedillo was a political unknown vying for an assembly seat in a heavily Latino district not known for its voter participation. With the support of the L.A. County Fed, the Cedillo campaign conducted a targeted registration drive, an independent precinct walk program, and a direct mail program to reach the district's new Latino voters. The Cedillo campaign communicated a powerful message to Latino voters and promised to work with labor to counter the Republican Party's xenophobic and anti-immigrant policies. These efforts were instrumental in Cedillo's victory. He moved from a double-digit deficit in the polls to ultimately win the election.

In an effort to contain Los Angeles' burgeoning labor movement, labor opponents introduced Proposition 226 in 1998. This ballot measure was an attempt by the Republican Party and its allies to prevent labor from utilizing membership dues for political campaigns.[13] Hundreds of staffers from the labor movement were loaned to the L.A. County Fed to conduct an extensive campaign to defeat Prop 226. Speaking about the labor movement's all-out effort to defeat the bill, Miguel explained:

> *"We mobilized up and down the state like we never mobilized before, because our political lives were on the line. We knew this was a bold attempt by right-wing forces to take labor out of the political process. If they were successful, they would have taken us out of the process to help elect a governor, they would have introduced legislation to reduce the minimum wage, legislation on right to work and legislation to reduce health and safety standards. It was all going to come down the pipeline. So we had to take a stand."* [14]

The measure was defeated by a 53 percent to 47 percent margin, and might well have passed if not for labor's successful mobilization that resulted in 75 percent of Latinos voting against it (Pyle et al. 1998). [15]

In 2000, Miguel and the L.A. County Fed made a controversial move by endorsing Hilda Solis for the U.S. House of Representatives. Many leaders within the Democratic establishment were alarmed because Los Angeles labor chose to support Solis over an experienced democratic incumbent. Miguel explained the Solis endorsement in this way:

> *"The Democrats were calling up and saying, 'You can't do this'....We had to tell them that [the incumbent] wasn't good enough. We want a warrior for working people and that's our mantra from now on. We launched a campaign for Hilda against a Democratic incumbent, and on Election Day she won two to one. But even more important than sending Hilda Solis to Congress was sending the message to Democrats that we expect more and we're going to hold them accountable."* [16]

Miguel demonstrated that labor and immigrant communities could not only work effectively together, but also that their power could be harnessed to influence the existing power structure of the Democratic Party. The role of Miguel in advancing Hilda Solis's campaign proved to be prophetic. Hilda Solis later became Secretary of Labor under President Baraka Obama's administration and the first Latina in the history of the country to ever serve in the Presidential Cabinet.

In 1998, the Los Angeles County Federation supported another former labor organizer and one of its strongest allies, Antonio Villaraigosa, in his successful bid for speaker of the California State Assembly. This would not be the first time that Los Angeles labor would support Villaraigosa in his bid for elected office. In 2001, the L.A. County Fed gambled on Villaraigosa's run for the office of mayor of Los Angeles. In this race, the L.A. County Fed orchestrated a powerful labor-to-labor campaign and a separate independent expenditure campaign. Villaragoisa won the primary but lost the general election against another pro-labor Democrat, but the incredible mobilization in this campaign was a powerful sign of the growing labor-Latino alliance. Reflecting on this campaign, Miguel stated:

> *"There's no question that we were the wings beneath Villaraigosa's campaign. Everyone gives us the credit for putting Antonio within a few points of being mayor of Los Angeles, and who would have thought that the labor movement could do that? Five or six years ago, it was unthinkable that this labor movement could take someone all the way through to nearly winning the mayorship of Los Angeles, but we did. Our unions turned out more than ever before. We raised more funds than ever before. We peaked one day at 2,700 people walking precincts for Antonio Villaraigosa. We made hundreds of thousands of phone calls. Everything was humming! Circumstances out of our control determined the ultimate outcome of the campaign, but everybody will tell you that in Los Angeles there was only one army in the streets and that was the union army."* [17]

The union army mobilized by the L.A. County Fed successfully demonstrated its capacity to register immigrant voters and mobilize its base with Villaraigosa's electoral victory to the Los Angeles City Council in 2003. In 2005, Antonio Villaraigosa became mayor of Los Angeles. He became the first Latino mayor of Los Angeles in 130 years, and the first former union organizer.

Even though Miguel did not spend much time in Sacramento, he was one of the most influential people in statewide politics.[18] Miguel was especially adept at recruiting his most talented and progressive allies to become elected officials. Fabian Núñez, a former community organizer, was recruited by Miguel to serve as the L.A. County political director. Miguel played an instrumental role in the advancing Fabian's campaign to the California State Assembly in 2002. Although this was the first time he had ever run for public office, through labor's endorsement and intense political mobilization efforts, he won. Perhaps even more astonishingly, Miguel was also credited for orchestrating Fabian Núñez election to the Speaker of the California State Assembly during his first term in office, a meteoric rise in California political history. Miguel worked closely with Fabian Núñez while he served as Speaker, and was a close friend and mentor.

Linda Chavez Thompson, Fabian Núñez, and Miguel Contreras [courtesy of Slobodan Dimitrov]

Hilda Solis [courtesy of Slobodan Dimitrov]

Miguel's next choice for L.A. County Fed political director was Martin Ludlow, a former labor and community organizer. Martin Ludlow was also encouraged by Miguel to seek public office, and his very first attempt at a run resulted in his election in 2003 to the Los Angeles City Council. Again, although their opponents had stronger name recognition and were initially leading in the polls, the political apparatus of the Los Angeles labor movement proved decisive.

Miguel was a hard-working, consummate thinker who understood the value of accurate information and who used such information brilliantly in the political arena. Miguel was constantly seeking data from various sources. According to Martin Ludlow:

> *"Miguel would sit in his black arm chair and lift his glasses over his head. He would methodically read the polls. He would read news bulletins coming out of any entity that had any political information about [the] status of endorsements and fundraising. He would use multiple layers of information and data. For Miguel those numbers had to add up and those numbers got debated widely."* [19]

Miguel would often convene an ad hoc team of strategists and political consultants for important campaigns. The teams that Miguel formed were a testimony to his leadership and political astuteness because the individuals he brought together were not necessarily friends. Their common denominator was a shared purpose of assessing available data, statistics, and research.[20] Miguel would take the numbers debated by his most trusted consultants to create a powerful, accurate, and convincing picture. Political journalist Harold Meyerson printed a conversation he had with Miguel in regard to the Martin Ludlow campaign. Meyerson recounted Miguel's words as such:

> *"We're looking at a 25 percent turnout," [Miguel] began, "about 20,000 voters—it'll take 10,000 to win." With that, he rose, went over to a white drawing board, drew an oblong (the 10th District) with a black marking pen, and began outlining labor's campaign on Ludlow's behalf. "There*

are 12,000 Latino voters in the eastern end of the district; we think Martin can get 3,000 votes there. Twenty-five workers out of Local 11 [of the Hotel and Restaurant Employees] are on leave working full time there; there should be 100 weekend walkers and eight pieces of mail." On the west end of the district north of the 10 freeway he drew another circle, which includes most of the district's white voters, "Eleven thousand of them; they're heavily Jewish; [the opponent] never did well here. Martin's campaign is working there; he should get 4,000 votes. In the district's African American community—the area mainly south of the 10—there are 28,000 voters, and we're doing our first all-out operation there. We have 35 full-time workers from four unions...working there, too. Martin should get 5,000 votes there... Add the 3,000 votes to the 4,000 and the 5,000, and Martin should get 12,000 votes." [21]

According to Meyerson, "Three weeks to the day after Contreras had scribbled all this on his board, [this] is precisely what Ludlow got. As predicted, turnout was 25 percent, and all constituencies performed as Contreras said they would." [22] In the race for Los Angeles City Council, Ludlow went from being thirteen points down in the primary to a commanding victory against an opponent who had considerable support within the African American old-guard leadership.

While labor's electoral power is directly attributed to the broadened labor-Latino coalition that Miguel helped to forge, Miguel was adamant that the support of political candidates was based not on identity politics but on the candidate's willingness to be a "warrior for working families." As a result, the Los Angeles County Federation attained growing significance in coalition politics within Los Angeles' African American community.

In 2004, the Los Angeles County Federation supported Karen Bass in her bid for state assembly. Bass was a progressive ally to the cause of labor. Furthermore, she was a recognized leader in the African American community who built a Black-Brown community-based, social-justice

Antonio R. Villaraigosa, James Hahn, Miguel Contreras, Alex Padilla, and Richard Riordan [courtesy of the L.A. County Federation of Labor]

organization in south Los Angeles. With the backing of the L.A. County Fed, and the broad support of community organizations and Los Angeles's progressives, Bass was victorious. Four years later, Bass would become the first African American woman in the nation's history to lead a state legislative house.

The political leaders highlighted are just a sample of the individuals who were elected due in large part to labor's systematic efforts to build an immigrant-labor voting bloc that is a genuine reflection of Los Angeles's diverse working class. Miguel's vision advanced powerful coalitions uniting labor with youth groups, women's organizations, environmental networks, and communities of color in election after election. As a result, the L.A. County Fed has helped place progressive pro-labor politicians in office at all levels. Miguel helped elect "warriors for working families" to the Los Angeles City Council, California State Assembly, California State Senate, and the U.S. House of Representatives. Under his leadership, Los Angeles labor became the most dynamic and politically influential force in the state and, quite possibly, in the nation.

The trajectory of Miguel's career reflects a lifelong struggle for the rights of all workers regardless of ethnicity, gender, religion, immigration status, or sexual orientation. Miguel helped to build a new and more just Los Angeles that values unions and workers.

Reflections of Jackie Goldberg

I knew Miguel primarily through María Elena and HERE Local 11. It was refreshing to hear him talk about the importance of organizing the unorganized. Such an approach aligned with his vision of changing L.A. and its 100-year-long reputation for being an anti-union city.

As a labor leader Miguel didn't just talk at the rallies and the banquets. He was a man of action. Miguel was an organizer, and he viewed the Los Angeles County Federation as an activist organization and not a social club. As a result, the labor movement grew enormously under his stewardship. He allocated great resources to organize security guards, city employees, nurses, bus drivers, janitors, and the city's new immigrant workforce. He also organized politicians to the cause of labor. For instance, Miguel called upon political leaders that the L.A. County Federation helped bring to office to support the [janitors'] campaign in Century City. Judy Chu, Paul Koretz, and myself were

the first elected officials to raise our voices, and soon many followed. This was just one of the ways that Miguel brought greater publicity to the struggles of working families. For this cause, he was simply unwilling to accept no for an answer. He built powerful coalitions that demonstrated the power of a united union voice that would not only write letters but also take to the streets.

Miguel was responsible for upgrading the technology of the Los Angeles County Federation. He modernized the technology, computers, and phone systems in order to pass ballots for working people. He also was a strong ally with LAANE (Los Angeles Alliance for a New Economy) for the living-wage ordinance.

I remember, at the beginning of Miguel's tenure, many people underestimated his leadership. In the end, no one underestimated him.

Reflections of Martin Ludlow

Miguel was brilliant and an absolute comedian. He had a wonderful sense of humor and enjoyed moments of genuine laughter. His humor was refreshing and necessary in the political arena because as he knew all too well, politics is not for the faint of heart. Some of these political races can split families and communities apart. It was Miguel's personality, his humor, his loyalty, and his vision that brought communities and rival candidates back together.

For a man who claimed that he did not have much formal education, Miguel was a political genius. He reminds me of a store owner on Main Street who never went to college but has an MBA capacity for predicting receipts and is computer-like and methodical in tracking inventory. Fortunately, Miguel's interest was not in running a small business but rather transforming the political landscape of Los Angeles and California. Miguel knew how politics worked largely because he put together information from a large variety of sources. People were drawn to Miguel and as a result, if something noteworthy happened in a campaign, people would first call to share their information, data, and research with him. It was amazing because everyone would

return Miguel's phone calls. His information also came from the great teams he would put together for campaigns. His teams were rooted not just in friendships, but also in a common objective to fight on behalf of working families. Miguel could look a candidate in the eye and determine if they had the spirit, the energy, and the loyalty to go the distance for workers and their communities.

Miguel also understood the egos of politicians. He did a masterful job of humbling the egos and feeding the egos, depending on the need. The most dangerous place a politician could be was at the microphone when Miguel was emceeing. Miguel usually held the microphone for politicians. If he thought your speech was too long, too self-centered, or simply not good, he was unabashed about taking the microphone away in front of thousands of your constituents. Then he'd abruptly say "Thank you very much," make that funny rolling of the eyes, chuckle and then say, "And now...for a really good speaker."

Miguel's vision, leadership, and commitment to the causes of social justice are surely missed, but his legacy will never be forgotten.

Reflections of Speaker Karen Bass

Those of us who knew him saw firsthand the difference Miguel Contreras made. But Miguel's real legacy is how he touched the lives of people who will never know him. This son of Braceros developed a strong sense of justice and compassion and combined it with unequaled organizing skills and personal magnetism to help make the labor movement in Los Angeles a key force in the state's politics and economics.

As a community organizer in Los Angeles myself, I worked collaboratively with Miguel on many issues and actions. I watched with great respect his trailblazing work first with HERE, then with the Los Angeles County Labor Federation, where he took organizations facing great challenges and unified and strengthened them to become phenomenally effective advocates for low-wage workers, immigrants, and other vulnerable people in our society.

Miguel was one of the first people to call on me to run for elective office. He believed in the importance of having African American elected officials, and he was deeply committed to improving relations and building coalitions between the Latino community and the African American community. He knew how important the development of such community relations was in a diverse place like Los Angeles.

Miguel Contreras' influence is still felt in the labor movement, in City Hall and in the State Capitol. His passion for improving the lives of working people and the commitment to building strong networks person by person can still be seen in those who carry on after him and in those who share his vision for social justice.

Notes

1   Milkman, Ruth and Kent Wong. "L.A. Confidential: An Interview with Miguel Contreras." *New Labor Forum* Spring/Summer 2002.

2   Contreras, Miguel. Address at the First Delegate's Congress. Los Angeles, California. 30 September 2004.

3   Rohrlich, Ted. "The Los Angeles Times Interview: Miguel Contreras; A Boss for a New Generation Broadens Big Labor's Appeal." *Los Angeles Times* 31 January 1999.

4   Warrior for Working Families, Prod. Lyn Goldfarb and David Koff, LAANE 2005.

5   Ibid.

6   Varsanyi, Monica. "The Paradox of Contemporary Immigrant Political Mobilzation: Organized Labor, Undocumented Migrants, and Electoral Participation in Los Angeles." *Antipode* 37.4 (2005): 775-795.

7   Ibid.

8   Ibid

9   "Loss-timers" not only participate as active citizens in the democratic process but through OLAW, they have also been able to acquire new political, organizational, and leadership skills that they take back into their workplaces.

10 Meyerson, Harold. "The Godfather: Miguel Contreras and the New Los Angeles." *L.A. Weekly* 5 June 2003.

11 Meyerson, Harold. "The Architect: Miguel Contreras, 1952-2005." *L.A. Weekly* 12 May 2005.

12 Milkman, Ruth. "Immigrant Organizing and the New Labor Movement in Los Angeles." *Critical Sociology* 26. (2000): 59-81.

13 Proposition 226 was an attempt to ban the collection of COPE dollars without individual annual written authorizations from union members.

14 Rohrlich, Ted. "The Los Angeles Times Interview: Miguel Contreras; A Boss for a New Generation Broadens Big Labor's Appeal." *Los Angeles Times* 31 January 1999.

15   Milkman, Ruth.

16 Ibid.

17 Milkman, Ruth and Kent Wong.

18 Wong, Kent. Personal interview. 24 November 2008

19 Ludlow, Martin. Personal interview. 9 December 2008.

20 Ibid.

21 Meyerson, Harold. "The Godfather."

22 Ibid.

¡MIGUEL CONTRERAS PRESENTE!

Left: *María Elena Durazo and Michael Contreras [courtesy of Slobodan Dimitrov]*
Right: *María Elena Durazo speaking at Hollywood to the Docks rally [courtesy of the L.A. County Federation of Labor]*

CHAPTER FIVE

"**True wealth** is not measured in money or **status** or power.
It is measured in the **legacy we leave behind**
for those we love and those we **inspire**." [1]

~ Cesar Chavez

For much of the city's history, Los Angeles has been widely known as an anti-union metropolis. Today, Los Angeles is one of the most dynamic centers for union activity in the country through the revitalization of the labor movement, the mobilization of immigrant rights, and the expansion of labor's political power. Miguel Contreras was at the forefront of this transformation.

Miguel passed away as a result of a heart attack on May 6, 2005. His unexpected death stunned the labor community. According to the *L.A. Times*, a staff member of the Screen Actors Guild who had met with Miguel a few days before his passing stated, "We were planning a rally in two weeks. I've never been to a union rally without Miguel." [2] On May 12, 2005, in one of the largest funerals in recent history, thousands of labor leaders, workers, and immigrants gathered together with elected officials and business leaders to honor Miguel at the Cathedral of Our Lady of the Angels in Los Angeles. In a dramatic farewell, Miguel's casket passed thousands of workers holding their union banners along three city blocks. As the procession moved closer to the Cathedral, the crowd, estimated at 4,500 people, marched behind wearing the colorful shirts of their respective unions or black T-shirts with Miguel's portrait and the statement, "Don't Mourn, Organize."

On May 14, 2005, a much smaller crowd of family members, UFW organizers, and labor leaders gathered in Miguel's hometown of Dinuba, California. Among the vineyards, orchards, and agricultural fields of the San Joaquin Valley, Miguel's body was laid to rest across from his father and self-proclaimed hero. In the tradition of the UFW, mourners broke out in a loud and rhythmic clap, a fitting and appropriate symbol of Miguel's lasting legacy. Like Miguel's life, the farm worker clap represents the movement. Individuals may clap in different tempos just as they have different levels of political consciousness, commitment, and priorities. Nevertheless, the UFW tradition of clapping to end a meeting brings individuals together and serves as a powerful reminder of the strength of those united in a common struggle.

Miguel Contreras's funeral mass [courtesy of Slobodan Dimitrov]

Miguel Contreras Learning Complex [courtesy of the Miguel Contreras Learning Complex]

Immigrant Rights Marches of 2006

Since his passing, Miguel's influence has continued to resonate with workers and immigrants. Less than one year after his death, the largest immigrant rights march in United States history was held in Los Angeles on May 1, 2006. The May Day march was the largest mobilization in the city's history as one million people, representing a broad-based coalition of community, student, religious, and labor organizations, marched in support of immigrant rights. It was Miguel who laid the important groundwork for the convergence of labor, community, and religious groups, and student organizations to unite for immigrant rights in Los Angeles. There were two separate events on May Day. The first march took place from the intersection of Olympic Boulevard and Broadway to Los Angeles City Hall. The second march started from MacArthur Park and continued for more than four miles down Wilshire Boulevard to La Brea Boulevard, where María Elena Durazo was the emcee for a massive and spirited rally. The rallying point for both marches was the opposition to pending congressional legislation, HR 4437. This proposed bill was an attempt to criminalize undocumented immigrants as well as the labor, community, and religious organizations that provide support to the undocumented. Due in large part to the mass mobilizations that took place in Los Angeles and throughout the nation, HR 4437 was defeated in the United States Senate. [3]

The Miguel Contreras Learning Complex

In Miguel's memory, various institutions have been named in his honor. The Miguel Contreras Learning Complex (MCLC) near the corner of 4th Street and Lucas Avenue in Downtown Los Angeles, is the first Los Angeles high school named in honor of a labor leader. The school's location is fitting; it was the former site of HERE Local 11, the union Miguel helped rebuild when he first arrived in Los Angeles in 1987. [4] It was also here that Miguel, his wife María Elena Durazo, and other labor leaders, held meetings to tap the vitality and imagination of the immigrant working class in Los

Candlelight vigil for Miguel Contreras [courtesy of Slobodan Dimitrov]

Angeles. The MCLC opened its doors to 1,800 students on September 5, 2006. The school, which serves students in grades nine through twelve, is divided into three Small Learning Communities (SLCs): These are the Academic Leadership Community, the Social Justice Community, and the Business and Tourism Community. A year after MCLC opened, the high school was honored with the "Downtowner of Distinction Award," which recognizes projects that positively reflect the neighborhoods they serve. Board member Monica Garcia stated, "[The] Miguel Contreras Learning Center, in the tradition of its namesake, serves to educate, uplift and empower our students." She continued, "For the school to be honored as a project that makes Downtown Los Angeles a better place to live, work and visit is a further tribute to Miguel Contreras and a resounding victory for the community." [5]

The Miguel Contreras Labor Program and Foundation

In January 2007, the multi-campus University of California Institute for Labor and Employment, was renamed the Miguel Contreras Labor Program (MCLP). One of MCLP's affiliated centers, the UCLA Center for Labor Research and Education, is working with the L.A. County Fed to establish the Miguel Contreras Foundation. The foundation will work to carry on Miguel's vision to build strong ties between the immigrant-rights movement, the labor movement, and community organizations, and promote justice for the workers of Los Angeles. The mission of the Miguel Contreras Foundation is to strengthen educational access for young people, to promote civic engagement and voter participation, and to support immigrant integration throughout the community. María Elena Durazo said, "The Miguel Contreras Foundation is building a new generation of working-class leaders in Los Angeles. It is forging alliances among the labor movement and community-based centers, and unifying immigrant and native-born workers. This is where the future of L.A. lies."

We Remember as We Move Forward

The L.A. County Fed has continued to play a major role as a national model for local labor organizations and the template for union revitalization. On May 15, 2006, María Elena Durazo was elected to serve as executive secretary-treasurer of the Los Angeles County Federation of Labor. She became the first woman and the first woman of color to head the more than 300 local unions and lead more than 800,000 workers in the Los Angeles area. In Spring 2008, in response to an economic recession, nationwide home foreclosures, escalating unemployment, and the rising cost of necessary goods, the L.A. County Fed organized a three-day march from "Hollywood to the Docks." The march began on Wilshire Boulevard, in the heart of Los Angeles, on April 25, 2008 and spanned 28 miles. The march ended three days later with thousands of workers rallying in front of the Port of Los Angeles in San Pedro. María Elena Durazo said:

> *"As inflation and foreclosures continue to skyrocket and the staples we need to get by such as gas, milk, and bread continue to increase, workers in Los Angeles are taking a stand. We are going to fight for good jobs so that we can survive these difficult times. We are going to fight to raise our families, keep our homes, our pensions and health care."* [6]

She continued, "There are too few people at the very top, a lot of people at the very bottom— and fewer and fewer in the middle. We have to keep fighting for good jobs that sustain a middle class standard of living because it's the birthright of every American worker." [7] Thousands of workers and community members participated in this unprecedented march and in what the labor movement called "The Fight for Good Jobs." The Hollywood to the Docks mobilization was successful in building wide community support for contract renegotiations for the 30 local unions representing more than 350,000 workers from such industries and professions as longshoremen, entertainment, homecare, education, and building services. That same year, more than 30,000 port drivers, security officers, car wash workers, hotel workers, construction workers, and LAX passenger service workers continued their struggle to organize into unions.

The momentum that was built from the Hollywood to the Docks mobilization carried into the 2008 presidential campaign as Los Angeles labor made over 4 million calls to union voters in support of Democratic presidential nominee Barack Obama. It was Miguel's ultimate goal to help elect a "warrior for working families" to the presidency of the United States. In an interview with the *L.A. Times* Miguel said, "I have one desire left, one thing I want to accomplish: to help take someone to the White House." Miguel was not alive to witness Barack Obama's historic victory, as he became the 44th President of the United States on January 20, 2009. Nevertheless, Miguel's progressive vision of change and his strident call to support working families can be heard from many of Miguel's political protégés within the Obama administration and throughout California politics. For example, on February 28, 2008, Karen Bass was elected the 67th Speaker of the California State Assembly. Miguel personally sought out Karen Bass to run for public office. Antonio Villaraigosa, the first Latino mayor of Los Angeles since 1872 and a close friend of Miguel's, served as a member of President Obama's Transition Economic Advisory Board. In December 2008, President Obama selected Congresswoman Hilda Solis to serve as Secretary of Labor. Miguel and the Los Angeles County Federation were instrumental in her election to Congress in 2000.

UCLA Downtown Labor Center ribbon-cutting ceremony

A Product of Social Movements

The life of Miguel Contreras is a testimony to the social movements of the 20th and 21st centuries. Like many of the leaders within today's labor and community organizations, Miguel acquired his skills from the UFW and his personal experiences in the farm worker struggle for improved working conditions, just salaries, and increased benefits. In the legacy of Cesar Chavez, Dolores Huerta, Philip Vera Cruz, and countless others of the UFW, Miguel translated such skills to revitalize a labor movement so that it represented the interests of those who work, toil, and create the wealth in our society. Miguel energized union membership and concentrated resources on organizing the new Latino immigrant workforce. The organizing of Los Angeles' diverse workforce has empowered members of the labor movement and allowed ordinary workers to accomplish extraordinary things. Miguel's legacy also involves rebuilding the L.A. County Fed into one of the most powerful political forces in the nation. The successful organizing of new immigrant workers in Los Angeles has left its mark on the labor movement throughout California and the nation.

The generation of labor, community, and political leaders who made their first commitments to the UFW and other important organizations of the civil rights era have passed on a rich legacy of struggle. New generations of political activists are emerging with their own strategies to gain justice, democracy, and social change. Miguel's legacy to the labor movement, to immigrant rights, and to political mobilization will not be forgotten. His legacy continues in all those who strive to transform their communities and fight for social justice. Miguel's words remain as a powerful call to action:

> *"Today in Los Angeles, we are standing shoulder to shoulder with immigrant rights groups, community based organizations, civil rights groups and [we] say, 'we are one movement, we are united and we will not stop marching until dignity and respect is given to all.'"* [8]

Reflections of Reverend James Lawson Jr.

Miguel was a transition person who moved the L.A. County Fed from a status quo, white-oriented organization to a multifaceted multiracial, multicultural, multilingual labor council behind a social movement. Miguel energized labor with a powerful vision for social and economic justice. He insisted that union members have a vivid consciousness and a dream of what could be for not only their families but also for their entire community. Miguel's vision and his energy came out of his own work, his engagement with labor and working families. He brought that energy to the labor council, pushing people in the unions and in the community to look at what was considered impossible. Miguel was not afraid to ask, "why not?" For example, Miguel asked why is it not possible for Los Angeles firefighters and police officers to become labor conscious and union organizers.

I remember Miguel convened a meeting at the AFL-CIO headquarters. The meeting was a multicultural group from the community to talk about how unions could best work on issues of hunger and homelessness. We had 25-50 people, church leaders, union representatives, and community activists together in one boardroom. Miguel was the one who brought us together and facilitated our brainstorm session. Miguel was the catalyst for one of the very first times that a labor council engineered a cooperative meeting on the issues of hunger and homelessness in Los Angeles. He wanted labor to be a part of this important issue that unfortunately still impacts working families today.

Miguel was a person of courage who brought enthusiasm and hope to an entire labor movement. He changed the discussion beyond a paradigm of what is to a discussion of what our communities and our movement could ultimately become.

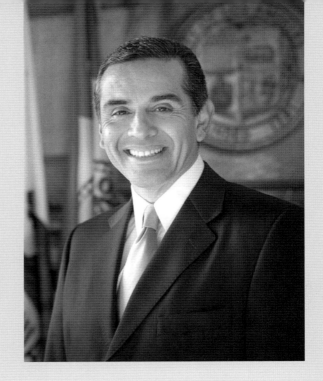

Reflections of Mayor Antonio R. Villaraigosa

Miguel Contreras is one of the most important figures in contemporary Los Angeles history. Under his leadership, the Los Angeles County Federation of Labor became a major force for progress and change. The mobilization of workers has not only greatly impacted the workplace but also the voting booth. Because of Miguel's leadership, Los Angeles labor has transformed local and statewide politics.

Miguel came from a family of farm workers and never forgot his roots. His commitment to workers was steadfast. His message to elected officials was clear. He wanted warriors for working people. For many elected officials striving for the betterment of California's middle class, the support of the Los Angeles

labor movement has been critical. The unity of the labor movement is a product of Miguel's leadership, vision, and commitment to working families.

Miguel had many great qualities. He relished in the time he spent with his family. He was warm, funny, and blessed with charm and confidence. Miguel also loved negotiating and making deals, though not as an end in itself. He put together unlikely coalitions and pulled off daring endorsements to make this city a better place. Today, people all over the country can turn to the city of Los Angeles as an example of hope and possibility for working people. Miguel's contributions to the great vibrancy of this city must not go unrecognized.

Notes

1   *Chavez, Cesar.* Eulogy for Rufino Contreras. 14 February 1979. http://www.ufw.org/_page.php? menu=research &inc=history/11.html

2   Hall, Carla and Monte Morin. "Laborers, Leaders Mourn 'the Real Miguel Contreras." *Los Angeles Times* 13 May 2005.

3   HR 4437 was passed by the United States House of Representatives on December 16, 2005, by a vote of 239 to 182 (with 92 percent of Republicans supporting, 82 percent of Democrats opposing), but did not pass in the Senate.

4   Mathews, Joe. "School Reflects a Love of Labor; L.A. district names a new campus west of downtown in honor of the late union leader Miguel Contreras." *Los Angeles Times* 15 September 2006, p. B.1.

5   "LAUSD's Miguel Contreras Learning Complex Honored." Los Angeles Unified School District press release. 27 February 2007.

6   "Workers to Hold Three Day March from Hollywood to the Docks of San Pedro." The Los Angeles County Federation of Labor. 1 April 2008. http://www.launionaflcio.org/pdf/080401-HD-KO-PC-PR.pdf

7   "Three Day Hollywood to the Docks March Ends at the Port of Los Angeles in San Pedro with Massive Rally." The Los Angeles County Federation of Labor. 17 April 2008. http://www .launionaflcio.org/pressreleases/080417-HD.pdf

8   *Warrior for Working Families,* Prod. Lyn Goldfarb and David Koff, LAANE 2005.

"Once social **change begins**,
it cannot be reversed.
You **cannot uneducate** the person
who has learned to read.
You **cannot humiliate** the person
who feels pride.
You **cannot oppress** the people
who are not afraid anymore."

~ Cesar Chavez

Miguel Contreras with his son Michael Contreras
Miguel Contreras con su hijo Michael Contreras

"Una vez que el **cambio social comienza**, no se puede invertir.

No se puede pedir que una persona se vuelva ignorante despues que ha aprendido a leer.

No se puede humillar la persona que siente orullo.

No se puede oprimir al pueblo que ya no siente miedo."

~ *Cesar Chavez*

Kent Wong, Maria Elena Durazo, and Michael Contreras
Kent Wong, Maria Elena Durazo, y Michael Contreras

Miguel Contreras speaking at UFW convention
Miguel Contreras dando u discurso en la convención de UFW

Reconocimientos

Muchas gracias a aquellos que contribuyeron a la realización de este libro, especialmente a María Elena Durazo y el personal de La Federación Laboral del Condado de Los Angeles. Queremos también extender las gracias al personal del Centro Laboral de UCLA, particularmente a David Sickler, Jan Tokumaru, Julie Monroe, y Víctor Narro, por la información invaluable que ofrecieron. Queremos también expresar nuestra gratitud a Slobodan Dimitrov por permitirnos usar las imágenes que el ha documentado a través de los años como fotógrafo laboral en el sur de California. También le damos las gracias a Jocelyn Sherman de United Farm Workers, Thomas Featherstone de la Universidad Wayne State, Barbara Maynard con Maynard Consulting, e Hilda Delgado por las fotos que contribuyeron.

Queremos reconocer a los buenos amigos de Miguel que compartieron sus reflexiones personales: Portavoz de la Asamblea Estatal Karen Bass, el Senador Estatal Gilbert Cedillo, Miembro de la Asamblea Estatal Warren Furutani, Mike García, Jackie Goldberg, Dolores Huerta, Reverendo James Lawson Jr., Martin Ludlow, Eliseo Medina, el Alcalde Antonio R. Villaraigosa, y John Wilhelm.

También le damos las gracias por su apoyo y asistencia en la recaudación de información a Mary L. Gutiérrez con La Federación Laboral del Condado de Los Angeles, la profesora Mónica Varsanyi de la Universidad Arizona State, y Larry Frank y Antonio Sánchez de la oficina del Alcalde de Los Angeles.

Gracias a Wendell Pascual por su diseño del libro, Terrie Cervas y Apollo Victoria de Habi Arts por su trabajo en la exhibición de Miguel Contreras, a Jennifer Ruby por su redacción, y Gaspar Rivera-Salgado, Carolina Martínez, Alexandra Topete y Veronica Wilson por su trabajo de traducción.

~Kent Wong y Michael Viola

MIGUEL CONTRERAS:
EL LEGADO DE UN LÍDER SINDICAL

Ahora que Miguel se ha ido, es nuestro deber **terminar el trabajo** que comenzó entre nosotros. Usando como ejemplo la vida de Miguel y su trabajo como nuestra guía y con el **sacrificio y el sufrimiento** de los trabajadores que se organizan, marchan, y caminan a diario por

los distritos electorales continuemos la lucha para que este **gran movimiento** crezca, y mientras buscamos la asistencia y la **inspiración divina**, aún reconozcamos que el éxito o el fracaso recae en nuestras propias manos."

~ María Elena Durazo

Introducción

Miguel Contreras falleció trágicamente en mayo de 2005 a la edad de 52 años. Fue uno de los líderes sindicales más sobresalientes del país y dirigió la revitalización del movimiento laboral en Los Ángeles, ofreciéndoles esperanza a cientos de miles de trabajadores. Su liderazgo al movilizar el poder político para los trabajadores, en organizar a los no-organizados, y en construir alianzas entre trabajadores y la comunidad, ayudó a transformar el movimiento sindical de Los Ángeles en uno de los más dinámicos del país. El Centro Laboral de UCLA esta lanzando la nueva Fundación Miguel Contreras en su honor. La Fundación Miguel Contreras ayudará a cumplir el sueño que Miguel tuvo para el futuro del movimiento laboral, y para las esperanzas y aspiraciones de los trabajadores de todas las razas, religiones, orientación sexual y origen étnico. Como parte de este esfuerzo, también hemos preparado este libro y una exhibición fotográfica que podrán ser utilizados con fines educativos por sindicatos, organizaciones comunitarias, escuelas, bibliotecas, y el público en general.

Esta publicación presenta la vida y las contribuciones de Miguel Contreras en cinco secciones. Primero, describimos sus raíces con la Unión de Campesinos de América (UFW , por sus siglas en inglés). Segundo, hablaremos de su liderazgo en revitalizar el movimiento obrero. Tercero, hablaremos de su lucha por los derechos de los migrantes. Cuarto, exploramos su esfuerzo histórico para construir el poder político. Por último, describiremos su legado. Tenemos la esperanza de que esta publicación sirva no sólo como una celebración de la vida de Miguel, pero más aún, como una invitación para continuar su trabajo por la justicia y la dignidad de todo trabajador ¡Miguel Contreras Presente!

Miguel Contreras y Maria Elena Durazo [cortesía de la Federación Laboral del Condado de Los Ángeles]

RAÍCES CON LA UNIÓN DE CAMPESINOS DE AMÉRICA

Miguel Contreras mostrando su tarjeta de membresía de la UFW [cortesía de Jocelyn Sherman y la UFW]
César Chávez y trabajadores del campo [cortesía de la Biblioteca Wayne State]

CAPÍTULO UNO

"Como **Chavista de toda la vida,** creo que la mejor manera
de honrar el legado de César es **continuando su trabajo**. César
a menudo decía que si su sindicato no sobrevivía su **muerte**,
entonces su trabajo de toda la **vida** habría sido en vano." [1]

~Miguel Contreras

Tarjeta de Membresía de la UFW de Contreras firmada por César Chávez, septiembre de 1972
[cortesía de Jocelyn Sherman y la UFW]

Miguel Contreras nació el 17 de septiembre de 1952 en el pequeño pueblo de Dinuba, California. Sus padres emigraron de México a los Estados Unidos bajo el programa Bracero.[2] Miguel se crió con sus padres, Julio y Esther, y sus cinco hermanos en el Valle Central agrícola de California.

Fue ahí donde Miguel fue testigo de las condiciones insoportables bajo las cuales los obreros agrícolas trabajaban y como la agroindustria comercial sustituiría a gran escala las granjas familiares. A la pequeña edad de cinco años, Miguel ya ayudaba a su familia a cosechar la uva en los campos. A la edad de 17, Miguel y su familia asistieron un mitin político en apoyo del senador Robert F. Kennedy. Allí fue donde conoció el legendario líder sindical César Chávez. Muy poco después de este encuentro, la familia Contreras formó una parte activa de la emergente Unión de Campesinos (UFW, por sus siglas en inglés).

La Familia Contreras y la Unión de Campesinos

La UFW fue fundada en 1962 como resultado de la fusión del Comité Organizador de Trabajadores Agrícolas (AWOC, por sus siglas en inglés), que consistía en su mayoría de trabajadores del campo filipino-americano, y la Asociación Nacional de Trabajadores Agrícolas (NFWA, por sus siglas en inglés), compuesta en gran parte por México-Americanos. Bajo el liderazgo de César Chávez y Dolores Huerta, el sindicato UFW transformó la lucha por los derechos de los trabajadores del campo en un movimiento social a nivel nacional. Con el liderazgo de Chávez, la UFW coordinó exitosamente diferentes acciones como huelgas y boicots de consumidores a nivel nacional. Ya que Chávez era un creyente firme en las estrategias de la resistencia civil pacífica, sus tácticas incluyeron la huelga de la uva de Delano, varias huelgas de hambre, y la marcha de 340 millas desde Delano a Sacramento en 1966. Estas estrategias pioneras fueron eficaces en llamar la atención nacional a la difícil situación de los trabajadores del campo. Debido al trabajo organizativo de la UFW, miles de jóvenes determinados, la mayoría de ellos Chicanos y Latinos, comprometieron sus vidas a luchar por los ideales de la UFW, así como por los derechos de los trabajadores y la justicia económica. Miguel Contreras fue uno de esos jóvenes y su padre y el fueron elegidos como líderes sindicales en su rancho de uva y árboles frutales. En un discurso personal dirigido hacia trabajadores en Long Beach, California en 2005, Miguel reflexionó sobre las experiencias de su familia dentro del movimiento de trabajadores campesinos. Él dijo,

"Un día caluroso de julio en 1970, el productor, L.R. Hamilton, reunió, bajo la casilla de un tractor a cerca de 250 trabajadores de su rancho. Hamilton nos explicó cómo él y todos los rancheros de la uva estaban siendo chantajeados a firmar contratos con la UFW usando la fuerza del boicot de la uva. Dijo que camiones repletos de uvas que no habían sido vendidas estaban siendo devueltas desde Boston. A la mitad de su discurso, mi padre arrojó su sombrero al aire y gritó, "¡Viva Chávez!"

El Liderazgo de Miguel y su Llegada a La Mayoría de Edad

A fines del año 1970, la UFW influyó exitosamente a los cultivadores de uva para que aceptaran los contratos sindicales, y organizó una buena parte de la industria de la uva. El liderazgo de la familia Contreras y Miguel, en particular, llamó la atención de César Chávez. Lamentablemente, la familia sufrió graves consecuencias como resultado de sus actividades sindicales. Miguel dijo,

"A las 4:30 [de] la mañana nuestro contrato de tres años con la UFW expiró en 1973... El supervisor del rancho, junto con su grupo de jefes de cuadrillas, reunió a toda la familia Contreras en frente de nuestra pequeña casa. Con las luces de sus camionetas brillando en nuestros ojos, nos despidieron del trabajo a todos."

Huelga de la UFW en 1968 [cortesía de la Biblioteca Wayne State]

Como resultado, la familia Contreras fue colocada en la lista negra de los productores por ser "chavistas". Sin poder encontrar trabajos en zonas cercanas, tenían que manejar más de dos horas hacia el norte para trabajar y ganarse la vida. A pesar de las dificultades, la familia Contreras se mantuvo activa en el sindicato. De hecho, Miguel, que actuaba como capitán de la línea de piquete, fue detenido 18 veces en un lapso de tres meses durante el verano de 1973 por violar los mandatos anti-piquetes de la corte.

Cuando la huelga no resultó en un contrato nuevo, la co-fundadora de la UFW Dolores Huerta, dirigió un boicot de uva para obtener el apoyo del público hacia los trabajadores del campo. Huerta reclutó a Miguel para iniciar la operación del boicot en Toronto, Canadá. Miguel fue asignado por tres meses pero se quedó durante casi tres años, ganando US $5 por semana, con alojamiento y comida en un seminario jesuita. Miguel dijo, "ni siquiera sabía [que] Toronto estaba en otro país cuando me fui de casa por primera vez." Los años de Miguel con la UFW a través de la década de 1970 fue un período instrumental en su vida. El dedicó este tiempo de su vida a organizar en contra de las condiciones difíciles que aguantaron los trabajadores campesinos migrantes a través de Norte América. Reflexionando sobre su experiencia con la organización de

Derecha: *Un joven Miguel Contreras con la bandera de la UFW*
Arriba *Convención Constitucional de la UFW, Fresno, CA, Septiembre de 1973*
Broche de la Convención Constitucional de UFW - Miguel Contreras, agosto de 1975
[cortesía de la Federación Laboral del Condado de Los Ángeles]

los trabajadores de la UFW, Miguel elocuentemente dijo:

"... He aprendido... acerca de la valentía y el valor de uno mismo. Ni mi padre, ni César Chávez pensaron de sí mismos como los rancheros lo hacían... como implementos agrícolas que servían para ser usados y descartados como se descarta una vieja pala o un viejo azadón. La UFW nos dio un nuevo sentir de autoestima verdadera y una sensación de poder romper las cadenas imaginarias que nos ataban al ranchero y así poder defendernos nosotros mismos."

La UFW como Movimiento Social

Mientras la UFW se convirtió en un movimiento social a nivel nacional, sus miembros alcanzaron importantes victorias. La UFW logró exponer las condiciones inhumanas que enfrentan los trabajadores del campo de nuestra nación y desarrollaron campañas organizativas que lograron cambiar las políticas públicas del estado. El sindicato ayudó a ejercer presión para la aprobación de la Ley de Relaciones del Trabajo Agrícola (ALRA) en la Legislatura del Estado de California en 1975. Debido en gran parte a las victorias de la UFW, se promulgaron leyes en California que les proporcionaba cierta protección a los trabajadores del campo para poder afiliarse a sindicatos y negociar colectivamente con los rancheros. El trabajo colectivo de la UFW también fue importante en el desarrollo de una nueva generación de líderes comunitarios, políticos, y dirigentes sindicales dentro de California. Las lecciones de la lucha compartida entre los inmigrantes y los trabajadores dentro de la UFW se han convertido en puntos importantes de referencia para muchos de los

Marcha de trabajadores sobre Gallo [cortesía de la Biblioteca Wayne State]

líderes sindicales de Los Ángeles, ya que estos dirigentes relacionan al movimiento sindical con las grandes exigencias de la comunidad por la igualdad y la justicia social. A través de la UFW Miguel se dio cuenta por primera vez que "en la vida hay que levantarnos y luchar sin violencia por lo que es justo."Los años formidables que Miguel tuvo con la UFW transformaron su conciencia política y sirvieron como punto importante de referencia en su labor futura. Miguel dijo,

> *"Recuerdo cuando por primera vez creí en el poder que tiene el pueblo unido contra el abuso y la opresión. Recuerdo lo que para mi significó por primera vez llamarle a alguien que no era de mi familia 'hermano' o 'hermana'. Estas también son lecciones que aprendí de los dos hombres que tuvieron la mayor influencia en mi vida: mi padre y César Chávez."*

Boicot de Uvas UFW [cortesía de la Biblioteca Wayne State]

Boicot de Uvas No-UFW [cortesía de la Biblioteca Wayne State]

Reflexiones Personales Eliseo Medina

Yo conocí a Miguel en el año 1973, cuando los dos trabajábamos para el sindicato de "United Farm Workers". El había sido mandado al Valle de Coachella como parte de un equipo de organizadores durante la huelga de uvas. Me impacto como un joven callado y cortes, pero también muy determinado. Volví a ver a Miguel en 1977, cuando el UFW comenzó una escuela de negociadores para desarrollar la capacidad de negociar contratos en las granjas donde las elecciones habían tomado acabo durante los dos años anteriores. Claramente Miguel era el mejor estudiante de la escuela, rápidamente codiciando los principios de negociar pero más importante codiciando el impacto práctico de las provisiones contráctiles que día a día afectaban las vidas de los trabajadores. Su mayor ventaja fue que el vivió experiencias como trabajador en las viñeras de San Joaquin. Después, cada uno nos fuimos por nuestro lado y con el tiempo dejamos el UFW para trabajar para otros sindicatos.

En el año 1996, fui elegido como vice presidente ejecutivo del Sindicato Internacional de Empleados de Servicio (SEIU) y me mudé a Los Ángeles cuando me volví a encontrar con Miguel. Durante este tiempo el era el director político de la Federación Laboral del Condado de Los Ángeles. Yo estaba muy sorprendido al ver cuanto Miguel había cambiado. El joven callado que yo había conocido se transformó en un líder informado y seguro de si mismo con una visión clara para el futuro del movimiento laboral de Los Ángeles. Cuando Miguel decidió postularse para secretario ejecutivo, yo estaba muy contento al apoyarlo. Con su victoria, el movimiento laboral en Los Ángeles nunca permaneció igual. Cambió de una federación vieja y pesada ha un movimiento vibrante, activo, e innovador a la vanguardia del organizar en las comunidades y la acción política. Bajo el liderazgo de Miguel, el labor formó una relación con trabajadores inmigrantes y trajo la lucha para los derechos de trabajadores inmigrantes bajo el radar nacional. Miguel fue instrumental en desarrollar, apoyar, y en implementar estrategias para los derechos de inmigrantes. Sin su liderazgo el movimiento de derechos de inmigrantes actual no habría sido posible. Él dejó una marca imborrable no solo en el libro de labor, si no también en la historia de una California progresista.

Reflexiones Personales de Dolores Huerta

Miguel fue uno de los líderes de la huelga de UFW en el año 1973. Cesar había dicho que no quería que Miguel fuera arrestado, pero pronto vimos una fotografía de Miguel siendo arrestado en la portada del periódico "Fresno Bee". Durante la huelga, mataron a algunas de nuestras personas. Mataron a Nagi Difala y dos días después mataron a Juan de la Cruz. Sabíamos que teníamos que ponerle un alto a los piquetes ya que los rompehuelgas estaban siendo proveídos con pistolas y balas. El liderazgo del UFW decidió parar la huelga y dirigió a las personas al boicot.

Uno de mis trabajos fue entrevistar a las personas para el boicot. Yo entrevisté a Miguel y el me dijo que estaba planeando matricularse en la universidad y que comenzaría sus estudios en septiembre. Yo le dije que no se preocupara, que el regresaría antes de que la escuela comenzara. Él se fue a Toronto, y se quedó organizando ahí por tres años. Permitíamos que personas fueran voluntarios en donde ellos quisieran. Me acuerdo que una persona se apuntó para ir a Boston pero pensó que se había apuntado para ir a Barstow. Miguel no sabía que Toronto está fuera del país. Miguel tenía valor para hacer las cosas, a estar ahí y estar en frente. Durante la huelga, el ser líder era peligroso. Muchas personas fueron víctimas de golpizas, y sus trailers y casas fueron quemadas. Ser líder tomaba mucho valor.

Cuando regresó de Toronto Miguel tenía diferentes deberes. Trabajaba en varias oficinas de campo para los trabajadores: en la oficina de campo de Coachella y después fue asignado a estar encargado de la oficina de campo en King City. Después que pasó la ley de Relaciones Laborales de Agricultura (ALRA), teníamos que ir a las diferentes áreas para que los trabajadores se anotaran. Él organizó la administración de contratos, el poder entablar un reclamo, asistió a las audiencias, preparó a los trabajadores para que también asistieran, organizó salas de empleo, tomó carga de los agravios, y también de todas las negociaciones y los procedimientos del ALRA. El liderazgo del UFW confiaba mucho en Miguel. No era necesario estar al tanto de el constantemente. El se encargaba de hacer todo el trabajo que era necesario.

A través del movimiento de los trabajadores campesinos, Miguel aprendió que el organizar tenía que comenzar desde el nivel local. La única forma que puedes ganar es si trabajas junto con los trabajadores. Miguel no solo aprendió, sino que también implementó esta estrategia de organizar empezando al nivel local. Muchas personas se beneficiaron de lo que aprendieron como organizadores del UFW. Pero todo lo que Miguel aprendió, lo hizo para los trabajadores y no para su propio agrandamiento. Todo lo que él aprendió de los trabajadores lo utilizó para la gente trabajadora. Él dedicó su tiempo, su dinero, y su corazón para la gente trabajadora.

Notas

1 Durazo, Maria Elena. Elogio a su esposo, Miguel Contreras. Los Angeles, California. 12 de mayo de 2005.

2 Observaciones de Miguel Contreras en la marcha del Día de Cesar Chávez, el 23 de marzo de 2004 en Glendale, California.

3 El programa Bracero fue creado entre los gobiernos de Estados Unidos y México y desde su inicio en 1942 trajo aproximadamente 4.8 millones de trabajadores mexicanos contratados para trabajar en EEUU principalmente en los campos de California y Texas. Aparentemente el programa era temporal con el objetivo de superar la escasez de trabajadores en el país a consecuencia de la Segunda Guerra Mundial. Pero duró hasta 1964 debido a las enormes ganancias que produjo para el sector agroindustrial, quienes legalmente podían frustrar los esfuerzos de los sindicatos.

4 Para referencias importantes de la UFW, recurra a los libros, *Philip Vera Cruz : Una Historia Personal de Inmigrantes Filipinos y el Movimiento Campesino* (Scharlin) y *Más Allá de Los Campos: César Chávez, la UFW, y la Lucha para Alcanzar la Justicia en el Siglo 21* (Shaw).

5 Contreras, Miguel. Discurso en el Día de César Chávez, el 28 de marzo de 2005, en Long Beach, California

6 Ibid

7 Rohrlich, Ted. "La Entrevista en el Periódico "The Los Angeles Times": Miguel Contreras: Jefe de Una Nueva Generación Logra Ampliar la Atracción hacia el Movimiento Laboral" Los Angeles Times 31 de enero de 1999.

8 Contreras, Miguel. Discurso en el Día de César Chávez, el 28 de marzo de 2005, en Long Beach, California

LA REVITALIZACIÓN DEL MOVIMIENTO OBRERO

Mitin Político de sindicatos de trabajo de Construcción [cortesía de Slobodan Dimitrov]
Miguel Contreras en un mitin político de trabajadores de medios de comunicación
[cortesía de Hilda Delgado y de la Federación Laboral del Condado de Los Ángeles]

CAPÍTULO DOS

"Cuando por primera vez vine a Los Ángeles, instantáneamente me **enamoré de la ciudad** y sabía que quería pasar el resto de mi carrera laboral **aquí.** Quería estar **a la vanguardia de los sindicatos** de Los Ángeles para ayudarles a desarrollar las relaciones necesarias con las comunidades minoritarias para que el proceso organizativo fuera exitoso." [1]

–Miguel Contreras

Las campañas organizativas de la UFW se convirtieron en un símbolo permanente del potencial de transformación la acción colectiva pacífica y el movimiento social sindicalista para los líderes laborales en Los Ángeles y en todo el país. Al igual que los trabajadores agrícolas del Valle Central de California, la mayoría de los trabajadores pobres de las zonas urbanas del estado son inmigrantes de América Latina. Como los trabajadores campesinos migrantes, los trabajadores urbanos de California también trabajan bajo condiciones difíciles y reciben bajos salarios. El movimiento obrero de Los Ángeles ha adoptado el mismo espíritu de de la UFW de luchar por los derechos de los trabajadores.

HERE Local 11 y el Liderazgo de María Elena Durazo

En 1977, Miguel comenzó a trabajar con los Empleados de los Hoteles y Restaurantes (HERE, por su siglas en inglés) Local 2 en San Francisco. La capacidad de liderazgo de Miguel floreció durante sus 16 años al frente de HERE. Miguel comenzó como un agente de negocios en San Francisco y pronto se convirtió en el director de personal de 14.000 miembros del sindicato. En 1979, Miguel

Local 11 HERE Demostración del Nuevo Hotel Otani: líderes nacionales de AFL-CIO Linda Chavez Thompson, John Sweeny, y Richard Trumka, a lado de María Elena Durazo.

Resistencia pasiva en apoyo de los trabajadores del aeropuerto de Los Ángeles: de la Federación Laboral de California Art Pulaski, Maria Elena Durazo, y Miguel Contreras [cortesía de SEIU]

coordinó una huelga hotelera de la ciudad de San Francisco que duró 27 días. Esta gran huelga resultó en el aumento salarial y beneficios más altos en la historia del Local 2. Este triunfo también dio lugar al nombramiento de Miguel como Representante Internacional de HERE, donde logró organizar a los trabajadores de casinos y ayudó a reconstruir locales de HERE en Nueva York, California y Nevada.

En 1987, Miguel se mudó a Los Ángeles para ayudar en la administración fiduciaria de los 11,000 miembros de HERE Local 11. Durante este tiempo, el Local 11 estaba envuelto en una lucha interna por el liderazgo del local entre un titular conservador blanco de edad mayor , y una joven, progresista y dirigente sindical llamada María Elena Durazo. La elección se llevó a cabo en Marzo de 1987, pero los votos nunca fueron contados ya que el titular violó las normas electorales de una manera flagrante (Milkman 2000). Finalmente, el liderazgo internacional de HERE colocó al Local 11 bajo la administración fiduciaria de un enviado especial debido a la mala gestión del titular en turno. A los organizadores progresistas del Local 11 les preocupaba que los enviados especiales que tomaron la administración fiduciaria de la oficina local del sindicato pudieran bloquear los cambios positivos que Durazo y sus aliados habían diligentemente logrado. De hecho, muchos de los organizadores sospechaban del papel que Miguel jugaría en el sindicato como uno de los enviados fiduciarios que venían de fuera. Tan pronto como Miguel llegó a Los Ángeles, Durazo organizó un piquete para oponerse a la vieja guardia de liderazgo no democrático del Local 11 y su rechazo a involucrar la importante y creciente membresía Latina.[2] Reflexionando sobre su presencia, Miguel dijo,

> *"Ella era una mujer agitadora que daba discursos apasionados acerca de los derechos de los trabajadores. Ella me denunció individualmente. Allí fue cuando me di cuenta que si quería ser exitoso aquí en Los Ángeles, tenía que tener [a María Elena] de mi lado."* [3]

Miguel tuvo éxito. Miguel y María Elena no solamente se convirtieron en aliados, sino también se casaron tres años después de haberse conocido.

Después que la administración fiduciaria del Local 11 terminó en mayo de 1989, Durazo fue elegida presidenta. Bajo su liderazgo, el Local 11 fue una fuerza fundamental en reorientar las estrategias sindicales usadas en Los Ángeles para organizar a nuevos miembros. El Local 11 también fue pionero en incorporar tácticas de desobediencia civil que incluían enfrentamientos no violentos, una estrategia que Miguel adoptó plenamente. Las tácticas innovadoras aplicadas por los sectores progresistas del movimiento laboral de Los Ángeles tomaron importancia nacional cuando los sindicatos se enfrentaban a través del país con importantes retrocesos a finales de la década de los 80 y a principio de los años 90. Estos desafíos incluían el colapso nacional de la industria automotriz, acero y aeroespacial, junto con la ofensiva anti-sindical ejercida por las administraciones de Ronald Reagan y George H.W. Bush.

Victorias de la Organización Sindical de la década de los noventa

Las victorias organizadoras de la diversa fuerza laboral de Los Ángeles a principios de los años 90, en particular entre los trabajadores migrantes, hizo eco en todo Estados Unidos. El éxito de las iniciativas y campañas laborales, tales como la justicia para los Trabajadores del Aseo (Justice for Janitors ó JFJ por sus siglas en inglés), la huelga no autorizada de American Racing Equipment, y la organización de los trabajadores pegadores de yeso del Sur de California, ilustró el poder dinámico de los trabajadores migrantes. La campaña de JFJ fue especialmente simbólica para el movimiento obrero que estaba surgiendo en ese entonces. El enfoque se centro cada vez más en esta campaña a medida que los trabajadores de la limpieza organizaban marchas por las calles para llamar la atención de los medios de comunicación, y retar las extremas desigualdades económicas en Los Ángeles. Cuando la policía de de la ciudad de Los Ángeles atacó violentamente a manifestantes pacíficos el 15 de junio de 1990, los medios de comunicación nacionales e internacionales cubrieron el incidente. Al pie de los rascacielos brillantes de Century City, decenas de trabajadores de la limpieza y sus seguidores, fueron brutalmente golpeados, entre ellas una mujer embarazada que luego sufrió un aborto como consecuencia de la golpiza. Miguel jugó un papel fundamental en obtener apoyo político para la campaña de los trabajadores de la limpieza. El convocó a dirigentes políticos no sólo para declarar su apoyo a los janitors, sino también para marchar en solidaridad con ellos.

Estas campañas históricas no solo cambiaron radicalmente la estrategia y tácticas del movimiento obrero de Los Ángeles, sino también contribuyeron directamente a la convicción de Miguel Conteras de que La Federación Laboral del Condado de Los Ángeles podría ser una fuerza poderosa para unir a los trabajadores y a los migrantes. En virtud del liderazgo de Miguel, la Federación surgió como un vehículo poderoso para el cambio social y político y se convirtió en uno de los principales líderes sindicales en el país.

La Historia de la Federación Laboral del Condado de Los Ángeles

La Federación del Condado de Los Ángeles fue oficializada en 1959, cuatro años después de la unión nacional de la Federación Americana del Trabajo (AFL, por sus siglas en inglés) y Congreso de Organizaciones Industriales (CIO, por sus siglas en inglés). La Federación Laboral del Condado de Los Ángeles desempeñó un papel importante en ayudar a elegir el alcalde Tom Bradley en 1973. Bradley se convirtió en una figura política en Los Ángeles por los próximos veinte años con el apoyo de la comunidad Afro-Americana de Los Ángeles y los blancos liberales concentrados en el occidente de la ciudad Los Ángeles. La estrecha relación de la Federación Laboral del Condado de Los Ángeles con la administración de Bradley y el Partido Demócrata, le dio un lugar privilegiado en la política local y el desarrollo de la comunidad al movimiento sindical. Antes de que Miguel llegara a la Federación Laboral del Condado de Los Ángeles, muchos trabajadores sindicalizados eran abiertamente hostiles a los trabajadores migrantes y, especialmente hacia los indocumentados. Cristina Vásquez, Vicepresidente Nacional del sindicato UNITE, recuerda:

> *"Una vez, nosotros trajimos un grupo de trabajadores latinos del Condado de Los Ángeles a una reunión de miembros. La gente del sindicato empezó hacer preguntas muy racistas como, '¿Dónde está su tarjeta verde?' 'Usted no debe estar aquí.' 'Usted está trabajando por salarios más bajos.' Ése era el tipo de 'apoyo' que usualmente recibíamos de la Federación Laboral del Condado de Los Ángeles "(Milkman y Wong 2000:8)."*

Este sentimiento anti-migrante estaba generalizado en todo el movimiento obrero hasta que se produjo el cambio en el liderazgo de la AFL-CIO en 1995.

El activismo sindical de Miguel comenzó en Los Ángeles durante un período marcado por la golpiza a Rodney King en 1992, una recesión nacional, y la primera Guerra del Golfo. Miguel reflexionó sobre este periodo tumultuoso en Los Ángeles, "Como en la novela de Las Dos Ciudades era el mejor de los tiempos y el peor de los tiempos."[4] Y para los trabajadores, era el

Miguel Contreras en la línea de piquete de trabajadores de supermercados [cortesía de la Federación Laboral del Condado de Los Ángeles]

Miguel Contreras en la convención de la AFL-CIO [cortesía de la Federación Laboral del Condado de Los Ángeles]

peor de los tiempos." Los Ángeles era una ciudad de contradicciones y audaz experimentación para organizadores comunitarios, defensores de los derechos de los migrantes, y líderes sindicales que desafiaba el status quo. Los sindicatos Angelinos progresistas fortalecieron sus alianzas con el crecimiento, aunque aún marginalizada, de la fuerza de trabajado migrante Latina con salarios bajos. Los Ángeles fue la primer ciudad en la nación donde la fuerza laboral se organizó con éxito en sectores de su población que muchos expertos consideraban de "imposible de organizar" (Delgado, 1993). Como resultado, los Latinos y otras personas de minorías raciales, las mujeres, así como de otros grupos históricamente marginados se instalaron en posiciones de liderazgo en Los Ángeles, y fueron apoyados y alentados con el asenso de Miguel Contreras al poder en el movimiento obrero.

La Transformación

En 1993, Miguel tomó la posición como director político de La Federación Laboral del Condado de Los Ángeles. Después de la muerte prematura del secretario ejecutivo-tesorero Jim Wood, en 1996, Miguel participó en la contienda por el liderazgo de la Federación. La vieja guardia públicamente puso en tela de juicio el liderazgo de Miguel a pesar de que Wood había claramente expresado su deseo de que Miguel le sucediera en el puesto. Bill Robertson, antiguo dirigente de la Federación del Condado de Los Ángeles durante los años de Bradley, se opuso abiertamente a la campaña de Miguel y fue citado en el diario Los Ángeles Times diciendo,"Contreras no está calificado. Punto."[6] A pesar de esa elección se caracterizó por tendencias racistas, Miguel fue elegido exitosamente en mayo de 1996. Una de sus primeras tareas como secretario-tesorero ejecutivo fue el de visitar a los principales dirigentes de sindicatos de Los Ángeles después de su elección. Reflexionando sobre los desafíos Miguel dijo:

""Me quedé sorprendido, más que sorprendido. Me sacudieron los vacíos en las relaciones entre los sindicatos. Usted sabe, los maestros no sabían de los Teamsters, la construcción no sabía de HERE, la SEIU no sabía del sindicato de los puertos, el sindicato del entretenimiento no sabía de los Trabajadores de la Comunicación de América (CWA). Así que hice visitas a todos los domicilios de los dirigentes principales de nuestros afiliados, a los jefes de los principales locales. Les pregunté qué querían ver en el órgano central y expliqué que necesitaba su ayuda en el cambio de la Federación Laboral del Condado de LA." [7]

David Sickler, líder sindical y gran amigo de Miguel, manifestó. "Miguel se sentó con las personas e hizo las cosas uno a uno. No tomaba las cosas personalmente. Nunca guardaba rencores." Sickler continuó, "Fue lo suficientemente inteligente como para entender que un consejo central de sindicatos necesita un movimiento obrero unido, y simplemente era difícil resistir la energía y visión de Miguel." [9]

Miguel trajo su experiencia como organizador de la UFW a la Federación del Condado de LA, inculcando una cultura de activismo de base dentro de la Federación. Hizo un llamado para que los sindicatos se movilizaran por el poder político a unirse a las campañas electorales, proveer personal para las operaciones de banco de teléfonos y caminar por las calles para sacar a las personas a votar. Antes de su mandato, la Federación del Condado de Los Ángeles tenía influencia limitada dentro de la comunidad. Como un consejo central de sindicatos, tenía una reputación de "políticas de chequera," en la que las políticas de la Federación y la participación de la comunidad consistía fundamentalmente en dar dinero a funcionarios y candidatos políticos pro-obreros. En muchas partes del país, este método sigue siendo el modelo predominante de los consejos centrales sindicales. Miguel fue claro en su deseo de cambiar la Federación de un modelo de "unión de empresas" a un modelo de movimiento de justicia social que estuviera a la vanguardia, promoviendo cambios positivos para los trabajadores y sus familias. Miguel dijo, "yo no quiero ser un hombre del estado. No estoy aquí para complacer a los candidatos y los políticos. Estoy aquí para organizar. Estoy aquí para organizar el resto del movimiento obrero. Aquí, ese es mi cargo." Él continuó, "César me enseñó bien. Que cada día tenemos que despertar y organizar, organizar, y organizar."[11]

Miguel fue la primera persona de una minoría racial a la cabeza de un Consejo Central Sindical en su historia de 102 años. Su posición lo convirtió en uno de los líderes Latinos más importantes, y con esa responsabilidad su compromiso con la clase trabajadora y las familias de los migrantes se hicieron más fuerte. Miguel manifestó, "creo que mi elección refleja la membresía del sindicato, y creo que envía un fuerte mensaje a la comunidad migrante, de que los sindicatos no sólo están abiertos para ellos—sino que somos ellos." [12] Cuando Miguel fue nombrado, La Federación del Condado de LA representaba 325 sindicatos y a más de 600,000 trabajadores. En el lapso de menos de una década, la afiliación sindical del condado de Los Ángeles floreció a medida de que Miguel estimulaba una cultura de la organización laboral cada vez más asertiva. Miguel explicó sobre el crecimiento de la Federación en una entrevista en 2002: "Tenemos una membresía enorme—unos 800,000 miembros del movimiento sindical en el condado de Los Ángeles. Somos los más grandes de cualquier grupo, sindicato o de otro tipo." Él continuó:

"Tenemos la membresía más grande de latinos comparada con otro grupo, el grupo más grande de miembros afro-americanos, el grupo más grande de judíos, la membresía mas grande de mujeres, la membresía más grande de gays, la membrecía más grande – de lo que menciones y somos la organización más grande que cualquier grupo. Y nuestro programa no es geográfico

o cultural o político. Somos la base de la economía. Esos son los lazos que nos unen. Esos son los lazos que unen a la familia latina con la familia negra, quienes están en huelga juntos, porque ellos no están luchando por quienes tienen un mejor trabajo, ellos están luchando para satisfacer sus necesidades básicas." [13]

La lucha por un Nuevo Los Ángeles

Enriquecida por el número y la diversidad, y con un líder que reconoce la importancia de ambos, Los Ángeles fue testigo del gran significado histórico de las victorias laborales durante el mandato de Miguel. Sin embargo, Miguel siempre asumió un tono modesto cuando se le preguntó sobre el alcance de su éxito e influencia. En una entrevista, Miguel comentó, "creo que ellos están describiendo la Federación del Laboral de LA y no a [mi]... y eso es lo que deseo [que la gente] hiciera, porque esto no es trabajo de un solo individuo." Sin embargo, la habilidad de Miguel de reunir apoyo político y de la comunidad fue fundamental en la organización de varias victorias. Por ejemplo, en 1999, la Federación del Condado de Los Ángeles ayudó a reunir los trabajadores, funcionarios electos, y el apoyo de la comunidad para lograr la sindicalización de los trabajadores del cuidado en el hogar (homecare workers). Como resultado, 74,000 trabajadores del cuidado en el hogar, la mayoría de los cuales eran minorías raciales, mujeres y migrantes, se unieron a Local 434B de SEIU. Esto representó la victoria más grande de organización sindical del país en décadas. En abril del 2000, la organización Justice for Janitors lanzó una campaña de huelga en toda la ciudad. Diez años después de la infame paliza en Century City, el sindicato de los Janitors movilizó a miles de trabajadores de limpieza y sus aliados, y ganó un contrato histórico con un 26 por ciento de aumento salarial y cobertura de seguro médico (Frank, Reynolds y Wong, 2004).

Miguel Contreras en el mitin político de trabajadores de supermercados [cortesía de la Federación Laboral del Condado de Los Ángeles]

La huelga de trabajadores de aseo marcó la pauta para las negociaciones de contrato de aproximadamente 300.000 trabajadores de Los Ángeles pues estaban enfrentando contratos sindicales que expiraban ese mismo año. La Federación del Condado de Los Ángeles coordino la movilizaciones de sus miembros, eventos de alcance comunitario, medios de comunicación y actividades de apoyo a los trabajadores en sus diversas batallas contrátales.

La Federación del Condado de LA desempeñó un papel clave en el apoyo a la huelga de conductores de autobuses de Los Ángeles dirigida por el sindicato de Unión de Transporte (UTU por sus siglas en inglés) y el Sindicato de Tránsito Unificado (ATU). La Federación del Condado de Los Ángeles apoyo y ayudó a desarrollar puentes de solidaridad entre la creciente mano de obra latina sindicalizada y los trabajadores de tránsito, que eran en su gran mayoría Afro- Americanos. Nancy Cleeland periodista de Los Ángeles Times escribió acerca de la amplia base de apoyo que Miguel fue capaz de reunir para los trabajadores de tránsito:

> *"Contreras...es un experto y estratega metódico. Él ayudó a dar forma al mensaje de la unión— Salvando los Empleos de la Clase Media«—y la difundió través de los medios de comunicación en inglés y español. Organizó reuniones con miles de miembros del sindicato e hizo los arreglos para apoyar la huelga con $80,000 en donaciones de alimentos."* [14]

Eventualmente, Miguel invitó al Reverendo Jesse Jackson a Los Ángeles para mediar en las negociaciones de contrato y negociar la disputa pública. Debido en gran parte a la intervención de Miguel, la gente comenzó a ver el concepto del trabajo como una idea unificadora en una metrópolis con una profunda historia de tensiones étnicas. Hablando sobre el potencial de la solidaridad entre trabajadores Afro-Americanos y Latinos, Miguel expresó las intenciones del movimiento sindical de la siguiente manera:

> *"Nuestra intención es avanzar y construir una verdadera organización de base comunitaria, porque estas comunidades no deben discutir entre ellas. Cuando lo hacen, alegan por migajas. En lugar de ello, debería estar hablando de buenos empleos [y] de oportunidades para todos ellos. La realidad es que no están separados, porque viven uno al lado del otro. No es como si los Afro-Americanos están en este lado y los latinos están allá - todos viven uno al lado del otro... Yo creo que a través de nuestra lucha por un mejor nivel económico, nosotros podemos unir a vecindarios diferentes."*

En octubre de 2003, otro conflicto público entre los trabajadores del tránsito y Los Ángeles County Metropolitan Transportation Authority (MTA) interrumpieron el servicio de autobuses y de líneas de ferrocarril en una gran parte del Condado de Los Ángeles. El hecho de que Miguel entendiera la importancia de la negociación de este contrato y el apoyo al movimiento diverso obrero emergente en la ciudad de Los Ángeles, él fue una presencia activa en la sesiones de negociación.

Debido a su apoyo constante a lo largo de los años para los trabajadores del transito y sus luchas contrátales, Miguel era respetado por toda la clase trabajadora en Los Ángeles. También ganó respeto por ayudar a unificar a diversos grupos étnicos y religiosos. Miguel amplió la coalición entre los "Liberales del Westside " y Afro-Americanos forjados por la administración Bradley para crear una base mucho más amplia que verdaderamente representara la evolución demográfica de la clase trabajadora de Los Ángeles. Al comentar sobre el papel de Miguel en las victorias contrátales de la UTU, James Williams presidente de la UTU, dijo: "Nosotros tenemos una deuda con Miguel Contreras que nunca podremos pagar." Williams hizo eco a un sentimiento entre muchos miembros del movimiento obrero, mientras decía que Miguel "fue un salvavidas, y nosotros no lo olvidaremos. De ahora en adelante, donde sea que Miguel Contreras nos quiera, y cuando quiera, ahí estaremos." [15]

El éxito en las huelgas de los trabajadores de limpieza y de tránsito trajo nueva energía a otras controversias en la negociación de contractos colectivos, como las que enfrentaron los maestros, los actores de cine, y los trabajadores de supermercados. En octubre del 2003, aproximadamente 60,000 trabajadores de supermercados habían organizado la huelga y el cierre patronal de supermercados más largos en la historia de este sector. La huelga regional liderada por la United Food y Commercial Workers (UFCW), fue una campaña agotadora de cinco meses en la que tres empresas nacionales intentaron reducir drásticamente los costos laborales. Los trabajadores que participaron en la huelga y cierre patronal en gran medida se apoyaron en la Federación del Condado de Los Ángeles. Miguel dio pleno apoyo a los trabajadores de los supermercados y la Federación del Condado de Los Ángeles organizó movilizaciones de solidaridad y canalizó recursos financieros para ayudar a los trabajadores de los supermercados. En febrero del 2004, casi 5 meses después de que la huelga y el cierre patronal habían comenzado, los trabajadores mantuvieron un fuerte apoyo del público y la mayoría de sus compradores respetaron sus líneas de piquete.

El Congreso de Delegados

El 30 de septiembre de 2004, la Federación del Condado de Los Ángeles celebró su primer Congreso de Delegados. Miguel fue el arquitecto de este alentador evento que atrajo a 1,000 delegados decididos a forjar la unidad en torno a un programa común, fortalecer la organización sindical, y construir el poder político de los trabajadores. Miguel entendió que el movimiento laboral en Los Ángeles no era una entidad monolítica, sino una organización compleja que representaba la inmensa diversidad del Sur de California. Él utilizó el Congreso de Delegados para resaltar los puntos de unidad de la clase trabajadora de Los Ángeles. Para movilizar a este evento inaugural, Miguel asignó funcionarios de la Federación del Condado de Los Ángeles para hacer "visitas a domicilio" a cada uno de los 345 afiliados de la federación que tenían más de 100 miembros.[16]

La convención de delegados era electoral y programática

En el frente electoral, Miguel quería desarrollar un plan a largo plazo para elegir a más "guerreros laborales" en elecciones a nivel estatal y local. Programáticamente, Miguel preparó un fondo de defensa de $1 millón para asistir sindicatos en sus campañas de organización y contrátales. La segunda iniciativa programática de la convención de delegados era la de forjar vínculos entre el movimiento obrero y los estudiantes. Mientras que Miguel nunca fue a la universidad, él sabía la importancia de la educación superior para las familias trabajadoras. En el Congreso de Delegados, Miguel pregunto a los presentes sobre quiénes habían asistido al colegio comunitario.[17] La mayoría de los delegados levantaron sus manos, lo que ilustró la composición de la clase obrera de California con dos años de colegio comunitario. Miguel estableció un plan que garantizaba la enseñanza gratuita en los colegios comunitarios locales para los residentes de Los Ángeles. Miguel creía que esa campaña de "libros de texto y herramientas" podría inspirar una alianza entre el obrero y el estudiante en California y por que no, a través del país.

Los Rostros Humanos del Movimiento Obrero

Miguel humanizó al movimiento obrero. Para él, los trabajadores no eran rostros anónimos y distantes, sino que eran también miembros de nuestra comunidad que han contribuido todos los días a mejorar nuestro país. Promovió la lucha por salarios justos, condiciones de trabajo seguras, calidad en la educación, y la cobertura universal en la atención de salud. El liderazgo de Miguel Contreras dentro de la Federación del Condado de Los Ángeles también abrió las puertas a los trabajadores migrantes de diferentes religiones, etnias y nacionalidades. Miguel dijo:

"Los sindicatos siempre se han construido sobre las espaldas de los trabajadores migrantes. La mayoría de los trabajadores más explotados de nuestra historia han sido los migrantes. Y el movimiento obrero nació cuando los trabajadores migrantes trataron de poner fin a su explotación. El terreno aquí [en Los Ángeles] es muy fértil." [18]

Marcha de trabajadores de mercados [cortesía de la Federación Laboral del Condado de Los Ángeles]

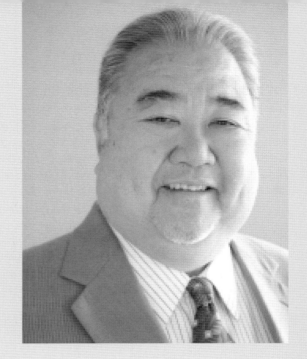

Reflexiones Personales Warren Furutani

No recuerdo exactamente cuando, pero yo estaba echando de reversa mi carro de un espacio del estacionamiento en la Federación Laboral del Condado de Los Ángeles. En esos tiempos yo tenía un Toyota viejo, cuando de repente sentí y escuché un fuerte "bang". Salté afuera de mi carro para ver con que había chocado y miré a Miguel riéndose. Él le había dado una patada a mi carro y me gritó que comprara un carro Americano.

Ese era Miguel. Él era un líder sindical tradicional quien creía en los principios básicos de organizar. Compra americano, una agresión hacia uno es una agresión contra todos, pero más que nada el creía en "organizar los no-organizados." Ahí era donde las convicciones tradicionales de Miguel eran diferentes con aquellas convicciones de ese entonces moribundo movimiento laboral. En lugar de seguir sustentando esas convicciones congelas en el tiempo, Miguel las aplicó a una nueva realidad, y nació un nuevo movimiento laboral.

Los que no estaban organizados no eran los mismos trabajadores que tripulaban las líneas de ensamble de la industria; ahora eran migrantes que cosechaban las frutas y legumbres en los campos, cambiaban las sábanas de las camas en los hoteles, y barrían los pisos de los grandes edificios. Junto con otros lideres laborales emergentes, Miguel rejuveneció el movimiento laboral en California al organizara los no-organizados, aquellos que en su mejor tiempo fueron ignorados y en su peor tiempo fueron usados como chivos expiatorios por el movimiento laboral de este país.

Miguel también lo fue más allá. Él juntó al sindicalista con el organizador comunitario. Esto estaba basado en la simple creencia que no debemos organizar trabajadores solamente en la fábrica sino también dentro de las comunidades donde viven. También conecto el proceso organizativo de los trabajadores con los estudiantes en los colegios comunitarios. Aquellos que estaban recibiendo certificados en oficios donde los sindicatos ya estaban trabajando o debían de estar trabajando eran candidatos primarios para una futura membresía sindical. Esto le daba al movimiento un paso hacia adelante, por así decirlo.

Reflexiones Personales John Wilhelm

Como un líder innovador de la Federación Laboral del Condado de Los Ángeles, Miguel Contreras es mejor reconocido por sus contribuciones transformadoras hacia el movimiento laboral. Dentro de nuestro sindicato, pensamos en Miguel como un importante líder de HERE quien entusiasmadamente apoyo grandes movimientos para la justicia social.

Como muchos otros, Miguel provino del movimiento de trabajadores campesinos inspirado por César Chávez. Pasó muchos años en HERE bajo diversas asignaciones que incluyeron recrear el Local-2 en San Francisco, emprender la lucha para un sindicato en Reno, la limpieza de un corrupto local de restaurantes en la Ciudad de Nueva York, y la transformación del Local-11 en Los Ángeles. Con el Local-11 en Los Ángeles, Miguel empezó a encontrar el camino que sería crucial en La Federación Laboral del Condado de Los Ángeles: el

organizar trabajadores no solo para luchar para la justicia dentro del trabajo sino también para la justicia comunitaria. Él se enfrentó con la lucha de los trabajadores inmigrantes en un movimiento laboral que en ese entonces no recibía con agrado dicha lucha. Eran las contribuciones pioneras del Local 11 HERE y la Federación Laboral del Condado de Los Ángeles que combinaron la movilización de los trabajadores y comunitaria con el combustible del movimiento de derechos de inmigrantes. Miguel tuvo la visión de unir todas estas fuerzas, creando una poderosa acción política que literalmente cambió a California de un estado rojo a uno azul.

Dentro de HERE, creemos que Miguel Contreras nos pertenece a nosotros, pero también nos damos cuenta que el legado de Miguel le pertenece a todos aquellos que están comprometidos a lograr la justicia en América.

Notas

1   *Los Angeles Business Journal*, 19 de julio, "From Lettuce Fields to Labor Leader: 20 Years that Changed Los Angeles" por Howard Fine.

2   El liderazgo del Local 11 se rehusaba a traducir contratos y proveer intérpretes a su creciente membresía

3   "From lettuce fields to labor leader - 20 Years that Changed Los Angeles: 20 Extraordinary Lives - Los Angeles County Federation of Labor Exec Sec/Treasurer Miguel Contreras," Los Angeles Business Journal, 19 de julio, 1999.

4   Del documental, The New Los Angeles (2005), producido y dirigido por Lyn Goldfarb

6   Silverstein, Stuart, 1996. "L.A. Labor Federation Vote Divides Along Ethnic Lines," Los Angeles Times, 17 de abril, 1996, D1.

7   LA Confidential. Entrevista con Ruth Milkman and Kent Wong, New Labor Forum, 2002.

9   Entrevista con David Sickler, 28 de agosto, 2008

11 Documental, The New Los Angeles

12 Los Angeles Business Journal > Enero 20, 1997 > Articulo > Union general - Miguel Contreras - Entrevista

13 Ibid.

14 Nancy Cleeland (2000, October 18). A Brinkmanship Test for Labor Federation Chief: [HOME EDITION]. Los Angeles Times, p. A.1. 7 de febrero, 2008, Los Angeles Times

15 Ibid.

16 Entrevista con Jan Tokumaru, 25 de agosto, 2008

17 Entrevista con Kent Wong, 19 de agosto, 2008.

18 Los Angeles Business Journal, 20 de enero, 1997, por Larry Kanter.

LA LUCHA POR LOS DERECHOS DE LOS MIGRANTES

Protesta No a la Proposición 187 [cortesía de Slobodan Dimitrov]
Jesse Jackson, Miguel Contreras, y Mike García marchando junto a trabajadores de limpieza [cortesía de Slobodan Dimitrov]

CAPÍTULO TRES

"Pienso que mi elección **refleja el liderazgo** del sindicato, también pienso que envía un mensaje fuerte a la comunidad migrante de que los sindicatos no están sólo abiertos para ellos—**si no que somos ellos**." [1]

~ Miguel Contreras

La revitalización del movimiento obrero en Los Ángeles, está integralmente vinculada a la organización de los trabajadores migrantes que Miguel defendió durante su mandato al frente de la Federación Obrera de Condado de Los Ángeles. Miguel permaneció consistentemente con la idea de que al organizar la mano de obra migrante el movimiento laboral en Los Ángeles podría generar un soplo de vida nuevo al movimiento sindical nacional.

Esta certeza queda expresada de manera elocuente en uno de los discursos de Miguel:

> *"Durante generaciones, los inmigrantes buscaron escapar de la tiranía y la opresión del viejo mundo, viniendo a América buscando una vida nueva de promesas y oportunidades. Hoy en día, si algún lugar de América ofrece la esperanza de que los trabajadores pueden compartir la abundancia que producen, entonces tiene que ser en Los Ángeles."* [2]

Desde la aprobación del Tratado de Libre Comercio (TLC) en 1994, se ha producido una entrada creciente de trabajadores migrantes de América Latina a los Estados Unidos. De hecho, después del comienzo de NAFTA, los Estados Unidos fue testigo de la mayor entrada de migrantes en su historia (Bacon, 2008). Del 2000 al 2006, la migración representó aproximadamente el 50.4% de la variación de la población de los EE.UU. [3] Los migrantes Latinos, principalmente de México, se han convertido en el grupo en crecimiento más rápido en los Estados Unidos, y en Los Ángeles ellos representan una parte predominante de la fuerza laboral con salarios bajos. [4] La migración de trabajadores sin documentos y sus familias a través de las fronteras nacionales se ha convertido en una característica prominente e internacional de los acuerdos de "libre comercio," donde las corporaciones tienen libertad de cruzar las fronteras nacionales, pero los trabajadores no. [5]

Con Miguel a la cabeza, la Federación Laboral del Condado de Los Ángeles se alineo con organizaciones comunitarias progresistas y activistas de los derechos de los migrantes que entendieron que el aspecto laboral sólo sería significativo si se abordaban las condiciones de bajos salarios de los trabajadores migrantes Latinos. Miguel fue claro en articular este mensaje al decir:

> *"Queremos hacer todo lo posible para asegurar que [los trabajadores migrantes] entiendan que el movimiento sindical y los sindicatos son la vía para la voz que pueden tener en la lucha por la igualdad y la equidad en el trabajo. Parte de eso es que nosotros mismos nos alienemos con los asuntos que les preocupan a ellos, asuntos como el salario mínimo y la migración."* [6]

Miguel tenía la certeza que si la nueva mano de obra migrante se organizaba y se unía como una fuerza positiva para el cambio social en Los Ángeles, podría convertirse en un modelo para otras ciudades en el país donde los migrantes viven y trabajan. [7]

Irónicamente, las campañas políticas anti-migrante en California estimularon el proceso organizativo entre la comunidad migrante. La aprobación de la Reforma Migratoria y Acto de Control (IRCA por sus siglas en inglés) de 1986, otorgo una "amnistía" para los migrantes sin estatus legal que habían estado en el país por un largo periodo de tiempo. Sin embargo, esta misma ley impuso "sanciones a los patrones" que estimulaban la economía informal y criminalizaban a los migrantes indocumentados que buscaban trabajo. La aprobación en el Congreso de IRCA ofreció amnistía a unos 3 millones de trabajadores indocumentados, y para 1993, ellos eran elegibles para la naturalización y el derecho a votar. En 1994, el Partido Republicano de California y el gobernador Pete Wilson propuso la Proposición 187. Esta iniciativa de ley fue diseñada para negarle a los migrantes indocumentados el acceso a los servicios sociales como la atención médica y la educación pública. Esta iniciativa pasó con el 59% de la votación en noviembre de 1994, aunque más tarde fue anulada en los tribunales de California. La Proposición 187 fue vista por muchos políticos Latinos como un ataque explícito contra sus familias y comunidades. Hablando de la amenaza, Miguel dijo, "Los Ángeles siempre han tenido una gran cantidad de trabajadores inmigrantes, pero el fenómeno de migrantes que defiende sus derechos empezó en 1994 después de la propuesta 187, que los sacudió." Él continuó, "Desde entonces, ha habido una fuerte reacción adversa en las comunidades Latinas, con más y más migrantes convirtiéndose en residentes, luego en ciudadanos de los Estados Unidos y aún más importante, en participantes del proceso político." [8]

La Proposición 187 encontró una resistencia feroz por parte de los defensores de los derechos de los migrantes. Los Ángeles, aún durante la era de la lucha por los derechos civiles y el movimiento contra la guerra de Vietnam, nunca fue vista como un lugar dado a manifestaciones masivas como en Nueva York, Washington DC, ó San Francisco. Sin embargo, debido al apoyo a los derechos de los migrantes por parte del movimiento sindical y los medios de comunicación étnicos locales, aproximadamente una 150.000 personas se manifestaron frente al edificio del cabildo de la ciudad de Los Ángeles, en contra la Proposición 187 en 1994. Rápidamente surgió un aumento de la naturalización entre los nacidos en el extranjero, y brotó una nueva ola de ciudadanos votantes Latinos. Además, se pudo establecer una nueva y poderosa coalición entre obreros y la comunidad Latina de Los Ángeles.

Miguel Contreras hablando con trabajadores de limpieza [cortesía de Slobodan Dimitrov]

El Partido Republicano respondió a estas movilizaciones históricas con más iniciativas anti-migrantes y anti-obreras. Estas medidas tenían el objetivo de criminalizar aún más a los trabajadores migrantes y crear un clima de miedo, represión e intimidación dirigida a la clase obrera Latina. En 1996, se aprobó la Proposición 209, la cual eliminó las políticas de acción afirmativa en la contratación de empleo público y admisión en las universidades estatales. En 1998, la Proposición 227 fue aprobada por 61 por ciento de los votantes y eliminó la educación bilingüe en las escuelas públicas de California.

La visión de Miguel para la Federación Laboral del Condado de Los Ángeles era la de construir un movimiento de justicia social que trascendiera los asuntos exclusivamente relacionadas al trabajo. El nuevo movimiento obrero necesitaba poner su atención en obtener un salario digno, en luchar por a favor del medio ambiente, la atención de la salud, la educación pública, los derechos civiles y humanos, los derechos de la comunidad gay, y las políticas de migración. En cuanto a la migración, Miguel explicó:

> *"Vimos lo que significa aquí en Los Ángeles, cuando alguien se convierte en ciudadano de Estados Unidos, la sombra se levanta. Ya no se les intimida, se les explota, o atemoriza. Como ciudadanos están dispuestos a defenderse por sí mismos, mientras que si eran indocumentados tenían miedo de ir al sindicato, miedo de ir a las diferentes agencias del gobierno... Estas personas pensaban que no tenían voz."*

El liderazgo de Contreras, de Durazo, y de un cuadro de dirigentes sindicales progresistas de California lograron cambiar la postura de la AFL-CIO en relación a la política migratoria a nivel nacional. Esto fue un gran logro, pues la AFL-CIO, por cinco generaciones, había mantenido la posición de que los trabajadores migrantes indocumentados reducían las oportunidades de los residentes legales de los Estados Unidos. Durante el debate sobre la reforma migratoria alrededor de IRCA, la AFL-CIO se opuso a la legalización de los trabajadores indocumentados y apoyó las sanciones a los patrones, incluyendo los derechos civiles y sanciones penales para los que contrataran indocumentados. Varios sindicatos, como SEIU, HERE, UNITE, y la UFW, con el apoyo de la Federación Laboral de Los Ángeles, hicieron visibles las contradicciones políticas de la AFL-CIO que alentaba a los trabajadores indocumentados a unirse a sus sindicatos locales, mientras que al mismo tiempo también se oponía a los derechos de trabajadores migrantes. Este conflicto llego a un momento decisivo en 1999 en la convención de la AFL-CIO que tuvo lugar en la ciudad de Los Ángeles, cuando una resolución pro-derechos de los migrantes fue presentada en el pleno de la convención. Esta resolución pedía la revisión completa de las políticas de AFL-CIO en relación a los trabajadores migrantes indocumentados. Miguel dijo:

> *"Fuimos capaces de hacer que nuestros locales sindicales, y sobre todo los que son predominantemente Latinos, consideraran la posibilidad de pedirle a la AFL-CIO que adoptara una política nacional de migración. En realidad, ellos tenían una, pero pensamos que esta no era buena, que no se acomodaba al momento. Sabemos que las sanciones a los patrones solamente trabajan en contra de que nos organicemos, y nosotros vemos las viejas políticas a través de los ojos de los organizadores."* [9]

Poco después de la convención de 1999, AFL-CIO adoptó una nueva plataforma en apoyo a un programa de amnistía para los trabajadores indocumentados. Este fue un cambio drástico a nivel nacional. La nueva plataforma también llamaba a terminar con las sanciones a los patrones, y

Huelga de Trabajadores de limpieza [cortesía de Slobodan Dimitrov]

promover la legalización de millones de trabajadores indocumentados y sus familias, y una mayor protección para los migrantes en sus lugares de trabajo. El Consejo Ejecutivo de la AFL-CIO, manifestó que "los trabajadores indocumentados y sus familias hacen contribuciones enormes a sus comunidades y lugares de trabajo y se les debe dar un estado legal permanente a través de un nuevo programa de amnistía" (Varsanyi, 2005, pág. 781)

En el 2000, AFL-CIO organizo asambleas en todo el país para explicar su apoyo a la ampliación de la condición jurídica y los derechos de negociación colectiva a todos los trabajadores migrantes en los Estados Unidos. La reunión regional que tuvo lugar en Los Ángeles fue la más grande del país, el evento atrajo aproximadamente 20,000 personas a Los Ángeles Sports Arena, mientras que miles más esperaban afuera. Hablando sobre el papel y el impacto que los obreros tuvieron en el movimiento por los derechos de los migrantes en Los Ángeles, Miguel explicó:

"Como ciudad, Los Ángeles tiene la mayor concentración de trabajadores extranjeros en los Estados Unidos, y el movimiento obrero ha jugado un papel clave en la organización de los migrantes, ayudando a moldear la posición de la AFL-CIO a nivel nacional para que sea líder en la lucha de los derechos de los inmigrantes." [10]

Hablando de la histórica lucha por los derechos de los migrantes en Los Ángeles, Miguel continuó:

"Pudimos ver [en Los Ángeles], el tipo de apreciación que los grupos comunitarios y migrantes tenían al ver que el movimiento obrero estaba empujando esto hacia adelante. Hay grupos de migrantes que han estado en esta lucha desde hace veinte años, Dios bendiga a ellos, pero ellos nunca tuvieron ningún tipo de peso hasta que el movimiento obrero nacional les brindo

Congreso de derechos de los migrantes, L.A. Sports Arena [cortesía de Slobodan Dimitrov]

credibilidad y su influencia al grito de la reforma migratoria. Estos presidentes nacionales de sindicatos pueden hablar por teléfono con líderes del congreso, y hacerles saber que este es un gran problema para nosotros. Se ha convertido tanto en un gran debate que... los miembros del Congreso y el Presidente [están] hablando sobre esto, pero también los dirigentes electos en México se están reuniendo con los líderes de los sindicatos en los Estados Unidos, y su ministro de relaciones exteriores se dirigió a la convención de los trabajadores hoteleros en materia de inmigración. Por lo tanto, los asuntos de inmigración están en el centro de atención nacional por el movimiento obrero." [11]

Después de la exitosa reunión en Los Ángeles Sports Arena, la Federación Laboral del Condado de Los Ángeles dio grandes pasos para avanzar la reforma migratoria y unir las diversas comunidades de Los Ángeles para apoyar a los trabajadores y los derechos de los inmigrantes. En el 2001, los grandes avances que se estaban dando hacia una reforma integral de inmigración en este país se interrumpieron por los horrorosos ataques del 11 de septiembre. Tras el 11 de septiembre, todos los debates en torno a la reforma migratoria fueron desplazados por la convocatoria de seguridad nacional y de las fronteras.

En el 2003, bajo el liderazgo de Durazo, UNITE-HERE, en colaboración con la Federación Laboral del Condado de Los Ángeles, los grupos por los derechos de los migrantes y organizaciones religiosas, hicieron un fuerte intento de revivir la reforma migratoria con el llamado Paseo a la Libertad del Trabajador Migrante 2003. Esta campaña, que duro todo el verano, movilizó a miles de trabajadores, comunidades, y estudiantes voluntarios en todo el país a desarrollar nuevas alianzas entre los trabajadores y la comunidad por los derechos de los migrantes. También hizo que migrantes recientemente naturalizados se registraran para votar, y fomentó su participación en el proceso político. Reflexionando sobre el Paseo a la Libertad del Trabajador Inmigrante, Miguel dijo:

"Cuando ayudamos a los nuevos ciudadanos Latinos a participar a través del voto, nos dimos cuenta de que la mejor manera de construir relaciones con la comunidad latina era trabajando los temas de la migración. Entonc-es, nosotros invertimos mucho tiempo y recursos financieros para construir ese puente en Los Ángeles. Nosotros cultivamos el nuevo voto Latino migrante, y hoy la alianza obrero-Latina en Los Ángeles es un mecanismo muy poderoso." [12]

Con Miguel al frente, la Federación Laboral del Condado de Los Ángeles hizo contribuciones históricas en el fortalecimiento de base del movimiento obrero. Miguel promovió iniciativas visionarias que unieron las luchas de los obreros con las realidades sociales de la nueva fuerza laboral migrante en Los Ángeles. Como resultado, el cambio dramático hacia la organización de obreros migrantes de bajos salarios ha llevado a cambios radicales en las estrategias políticas en todo el estado y la nación. El periodista político Harold Meyerson lo dijo mejor:

"Fuera del sur y durante gran parte del siglo XX, Los Ángeles, una de las ciudades más grandes de los Estados Unidos, era a la misma vez una de las más blancas y anti-sindicalista. Después se convertiría en la ciudad sindical más dinámica de la nación, principalmente a través de la movilización de obreros migrantes Latinos. Es la transformación cívica mas sorprendente y significativa en la historia reciente de América - en parte porque al moverse a la izquierda Los Ángeles arrastro a California hacia la izquierda, también. Y si hubo una figura central en esta transformación, fue Miguel Contreras." [13]

Reflexiones Personales de Mike Garcia

Miguel y yo formamos una relación cercana aquí en Los Ángeles a mediados de los años 90. Era entonces cuando yo era el encargado fiduciario de SEIU Local 399 y Miguel apenas había tomado el liderazgo de la Federación Laboral del Condado de Los Ángeles. Trabajamos muy de cerca ya que el era un gran aliado laboral en la campaña de "Justice for Janitors". El estaba firmemente detrás del movimiento de derechos de los migrantes y creo que dicho apoyo estaba relacionado a la experiencia de su propia familia como inmigrantes. El pudo crear una maquina política poderosa al hacer conexiones entre el movimiento laboral y los intereses de los trabajadores migrantes empleados en sectores de bajo salarios. Esto era muy creativo e innovador dentro de la ciudad migrante más grande en el país, si no en el mundo. Las conexiones que Miguel logro establecer sacudió al establecimiento político. Ahora, las líneas que Miguel unió entre los migrantes, el movimiento laboral, y la política son extensamente vistas como un modelo para otros concilios laborales.

El Condado de Los Ángeles siempre ha sido un sitio crucial para la política de California y al pie de la Federación Laboral del Condado de Los Ángeles Miguel servia como el portero. El fue instrumental en lograr que figuras políticas tales como Hilda Solís, Jerome Horton, Karen Bass, Gilberto Cedillo, y muchos otros fueran elegidos.

Una historia que ilustra dicha influencia fue el boicot político que el mismo organizo contra un gran dueño de bienes raíces en Los Ángeles. Este magnate era un donante clave dentro del partido Demócrata y servía como anfitrión de eventos de recaudación de fondos en su propio hogar. También se rehusaba a reconocer los derechos de los guardias de seguridad a organizarse en sindicatos. Miguel les pidió a todo los políticos electos que habían sido apoyados en sus campañas por la Federación Laboral del Condado de Los Ángeles a que no asistieran dichos eventos de recaudación de fondos. Un día Miguel se entero que un oficial electo apoyado por los sindicalistas de Los Ángeles dio un discurso en uno de estos eventos. Miguel inmediatamente se reunió con el político y le pidió que le llamara personalmente al donante desde de la oficina de Miguel para que clarificara su posición sobre este asunto y que le dijera al donante como el apoyaba el derecho de los guardias de seguridad a organizar su propio sindicato. Esta historia simboliza como Miguel visualizaba el papel de los políticos electos; son elegidos para trabajar para la gente.

Reflexiones Personales Senator Gilbert Cedillo

"Miguel tenia una manera grandiosa de crear los grandes consensos."

"Miguel tenia una gran manera de crear los grandes consensos. El tenía una forma de unir a aquellas personas que tenían intereses opuestos y trabajar por las soluciones que eran mejor para todos. Tenías un sentir real de estar involucrado dentro de una solución; entendías y querías contribuir a su visión para un movimiento laboral unido y una voz Latina unida dentro de dicho movimiento. Miguel era un visionario en que miraba la representación Latina en oficiales electos, como una manera para aumentar el apoyo en negociaciones de contratos – el quería esto en todos los niveles, en la ciudad, el condado, y en la legislatura estatal. Esto era inaudito. Miguel también tomo un gran riesgo en reclutar trabajadores migrantes, en gran parte Latinos, para reforzar la membresía. El propuso una visión para nosotros, que fue instrumental para unir varios grupos muy diferentes.

Yo creo que era por pura fuerza de personalidad que Miguel era efectivo. El era un asombroso diplomático. Miguel juntaba a las personas y ofrecía un plan. En verdad trabajaba en lograr satisfacer las necesidades de todos y creía firmemente que lograr esto era necesario para la cohesión del movimiento. El estilo de liderazgo de Miguel dejo una gran impresión sobre mi – y hasta la fecha sigue presente dentro de mi."

Marcha de trabajadores de la costura [cortesía de Slobodan Dimitrov]

Notas

1   *Los Angeles Business Journal > Enero 20, 1997 > Articulo > Union general - Miguel Contreras – Entrevista.*

2   Discurso de el Primer Congreso de Delegados, Septiembre 30, 2004.

3   Source: U.S. Census Bureau, Population Estimates July 1, 2000 to July 1, 2006 http://www.census.gov/population/ www/socdemo/hispanic/files/Internet_Hispanic_in_US_2006.ppt

4   En el 2005, los inmigrantes representaban como el 15% de la fuerza laboral civil de los EEUU y el 20% de los trabajadores de bajos ingresos.

5   Un estimado del 2002, hay aproximadamente 9.9 millón de personas indocumentadas en los Estados Unidos. Muchos científicos sociales concuerdan acerca de la tarea ardua de compilar la estadística exactas acerca de la población sin documentos. Muchos concuerdan que con frecuencia los migrantes sin documentos son representados inadecuadamente en la estadística del gobierno y figuras del censo. (Citado en Varsanyi 776)

6   L.A. Confidential: Una Entrevista con Miguel Contreras, New Labor Forum. New York: Primavera 2002., pg. 52.

7   L.A. CONFIDENTIAL: UNA ENTREVISTA CON MIGUEL CONTRERAS Milkman, Ruth, Wong, Kent. New Labor Forum. New York: Primaveara 2002. , Iss. 10; pg. 52.

8   Ibid.

9   Ibid.

10 L.A Confidential: Una entrevista con Miguel Contreras, entrevista por Ruth Milkman y Kent Wong, New Labor Forum. New York: Primavera 2002., Iss. 10, pg. 52

11 LA Confidential: An interview with Miguel Contreras

12 "L.A. Confidential: Una Entrevista con Miguel Contreras," New Labor Forum, New York, Primavera 2002, Issue 10, por Ruth Milkman y Kent Wong.

13 "The Architect: Miguel Contreras, 1952-2995," L.A. Weekly, Mayo 2005 por Harold Meyerson

CONSTRUYENDO EL PODER POLÍTICO

Alex Padilla, Miguel Contreras, Gilbert Cedillo, y Hilda Solís [cortesía de Slobodan Dimitrov]
Antonio R. Villaraigosa y Miguel Contreras [cortesía de la Federación Laboral del Condado de Los Ángeles]

CAPÍTULO QUATRO

"**Apoyar** a candidatos ya no solo es de traerlos a nuestro
banquete para que puedan tener de donde agarrarse y
sonreír para una fotografía en nuestro periódico.
Se trata de lo que usted, el candidato, va hacer para
nivelar el terreno de juego
para que **los trabajadores** se organicen."[1]

~ Miguel Contreras

La revitalización del movimiento obrero de Los Ángeles y la lucha por los derechos de los migrantes durante la década de los años 90 se entrelazaron y generaron un movimiento complementario de apoyo a los sindicatos, a los migrantes y a las familias trabajadoras. Miguel fue el arquitecto de la expansión de los éxitos del movimiento obrero más allá de los lugares de trabajo hasta las casillas de votación.

Durante su mandato como secretario ejecutivo -tesorero, la Federación Laboral del Condado de Los Ángeles pasó de ser un espacio exclusivo para operadores del Partido Demócrata a llegar a convertirse en una fuerza política independiente y de vanguardia que ha transformado la política de Los Ángeles y del estado de California. Miguel profundizo los vínculos de la Federación Laboral del Condado de Los Ángeles con la comunidad Latina y creo un programa de movilización que no sólo daba el visto bueno, sino que también lanzo candidatos políticos a posiciones al nivel local, estatal, y nacional. En su discurso pronunciado ante 1,000 miembros sindicales que asistieron al Primer Congreso de Delegados de la Federación Laboral el 30 de septiembre del 2004, Miguel explicó:

> *"Hemos cambiado la forma en que los sindicatos negocian con la política en LA. Nosotros dejamos de ser un cajero automático y alcancía para los partidos políticos. En lugar de esto, hemos invertido recursos para alcanzar a las bases, consiguiendo que se conviertan en ciudadanos, registrándolos para votar, educándolos sobre estos temas y llevándolos a las urnas. Nuestros afiliados pueden poner en las calles y en los sistemas telefónicos de cualquier campaña a miles de activistas dedicados y disciplinados. Nos hemos convertido ya en un bloque organizado de votantes en Los Ángeles, y seguimos creciendo. Como resultado de esto, nos hemos convertido en una fuerza poderosa para el cambio de vanguardia en la política de LA."* [2]

La visión de Miguel de ampliar la capacidad de movilización de la Federación Laboral del Condado de Los Ángeles dio un impulso decidido al movimiento progresista que cambio el panorama político de la región.

Establecimiento de relaciones entre el Proceso Organizativo y los Políticos

La creciente influencia electoral de los obreros fue el resultado de los esfuerzos sistemáticos de la Federación Laboral del Condado de Los Ángeles de construir una organización política de base y una base de votantes movilizada. Actuando como el cerebro político de este proceso, Miguel entendió que la base de la capacidad política de los obreros dependía en una coalición obrero-comunitaria desarrollada y fortalecida con una estrategia de movilización de puerta en puerta. Después de asumir el liderazgo de la Federación Laboral del Condado de Los Ángeles en 1996, Miguel empleo una estrategia política de movilización de las bases que incorporaba a todos y cada uno de los miembros. Esta fue una estrategia que se alejaba de la tradición política y apoyo financiero en la que históricamente se embarcaban gran parte de los concilios centrales laborales. Durante los años 70 y 80, era muy raro ver a miembros de los diferentes distritos sindicales caminando por las calles en grandes números durante las campañas electorales. En Los Ángeles, históricamente la participación cívica de los obreros se limitaba a la recaudación de fondos para financiar las campañas políticas para comprar espacios publicitarios en la televisión, radio y enviar propaganda electoral por correo. Miguel decidió poner fin a esta forma pasiva de participación política. En una entrevista con el periódico Los Ángeles Times, Miguel explicó, "Decidimos que íbamos a poner nuestras chequeras atrás y decirle a los políticos que guardaran sus manos, [y] que íbamos a gastar más de nuestros recursos para la educación de nuestras bases." Él explico esto con más detalle de la siguiente manera:

"Ya no hacemos campañas para candidatos políticos, diciéndole a nuestros miembros porque el candidato 'A' es un gran hombre, y el candidato 'B' no lo es. Decidimos mejor decirle a nuestros miembros, 'Los temas son estos: las horas extras, la protección de los trabajadores, y beneficios médicos, y cual es la posición de cada uno de los candidatos sobre estos temas.' Una y otra vez esto demostró que los candidatos que nosotros apoyamos tenían una mejor trayectoria. Se trata de educar a nuestros miembros. Porque nos dimos cuenta que si les enviábamos una lista de candidatos sin ninguna explicación, eso no significaba nada." [3]

Banco de teléfonos de la Federación Laboral del Condado de Los Ángeles [cortesía de la Federación Laboral del Condado de Los Ángeles]

Miguel transformo el programa político de la Federación Laboral del Condado de Los Ángeles construyendo sobre campañas por los derechos de los migrantes exitosas e infundiendo esta energía en su trabajo político. Miguel explicó: "Tenemos una amplia gama de activistas, muchos de los cuales son trabajadores migrantes. Muchos de ellos son indocumentados aquí y no tienen el derecho a votar. Pero pueden ayudarnos a conseguir votos, nos pueden ayudar a educar a otros votantes."

Bajo el liderazgo de Miguel, la Federación Laboral del Condado de Los Ángeles desarrollo programas políticos que al principio fueron adoptados por los sindicatos que participan en la organización de los trabajadores migrantes. La Federación Laboral del Condado de Los Ángeles dedico muchos de sus recursos en ayudar a que los migrantes se convirtieran en ciudadanos naturalizados y a movilizarlos durante las campañas electorales. Como resultado de esto, grupos históricamente excluidos como los trabajadores migrantes, fueron empoderados a participar en la política electoral. La política de Los Ángeles rápidamente se transformo en un espacio donde existían varios programas fuertes de movilización que unían a los trabajadores migrantes recientemente organizados con sindicalistas nacidos en los Estados Unidos, estudiantes, y activistas de la comunidad. Miguel explicó:

> "Dado que nosotros gastamos mucho tiempo y recursos educando y movilizando nuestra membresía, también decidimos aumentar las expectativas de nuestros funcionarios electos. Ahora exigimos que los políticos que nosotros ayudamos en su elección sean algo más que solo un voto para las familias trabajadoras. Deben ser los guerreros de los trabajadores."

Debido a su éxito, muchos comentaristas han llamado a la Federación Laboral del Condado de Los Ángeles el "gorila de 800 libras" de la política local, reconociendo su poder político e influencia de gran alcance. Si bien es cierto que esta etiqueta habla del poder del movimiento obrero de Los Ángeles, este no enseña su vitalidad democrática.

Trabajo del Proceso Democrático

Miguel utilizó la estructura organizativa del movimiento obrero para involucrar políticamente a la nueva fuerza laboral de migrantes Latinos de la ciudad. Para muchos de los sindicatos en la ciudad, el proceso de obtener su respaldo político se inicia cuando los sindicatos locales invitan a los candidatos políticos a hablar directamente con la base sindical en sus propios recintos. La membresía general entonces vota por su candidato preferido, y la aprobación se remite a la Federación Laboral del Condado de Los Ángeles como parte de su proceso de ratificación más amplia. De acuerdo con la intelectual de derechos de los inmigrantes, Mónica Varsanyi:

> "Si bien hay casos en los que el candidato del pueblo no termina siendo respaldado por la Federación Laboral del Condado de Los Ángeles, la mayoría de las veces la voluntad directa de los miembros del sindicato es expresada en el proceso de aprobación de los sindicatos los cuales son predominantemente migrantes y demócratas." [4]

El respaldo de la Federación Laboral del Condado de Los Ángeles es muy importante ya que esto significa contar con un grupo de activistas muy bien preparado y dispuesto compuesto de migrantes y trabajadores quienes participan en estas campañas en esfuerzos claves como el de "movilizar el voto" (GOTV, por sus siglas en Inglés). Miguel aumento la efectividad de la estrategia de "movilizar el voto" al incluir en estos esfuerzos acciones como la de caminatas dentro del distrito

Gilbert Cedillo y Miguel Contreras [cortesía de Slobodan Dimitrov]

electoral, distribución de literatura de campaña, registración de votantes nuevos, y promoción de la participación cívica. Miguel también jugó un papel fundamental en la expansión del uso de los bancos telefónicos computarizados. Varsanyi describe el proceso de cómo se alcanza a los votantes potenciales a través de los bancos telefónicos computarizados.

> *"A un voluntario se le asigna un lugar en una terminal de computadora y un teléfono para trabajar. Los bancos telefónicos se han convertido en una tecnología avanzada de medios de divulgación política. Los voluntarios se sientan frente a un monitor, donde aparece un nombre, número de telefónico, y un guión. Cuando han terminado con una llamada, aparece el siguiente nombre y el proceso se repite."* [5]

Varsanyi compara el banco de teléfonos computarizado con el sistema de mercadeo telefónico, en el que en lugar de vender suscripciones a revistas, los voluntarios del sindicato promueven "suscripciones al proceso democrático." [6]

Movilizando los Recursos Necesarios

Los programas políticos que Miguel inicio no habrían sido posible sin recursos humanos y financieros. La federación Laboral del Condado de Los Ángeles fue capaz de movilizar a los trabajadores a nivel de base, así como obtener los recursos económicos necesarios para apoyar las campañas políticas de vanguardia. Este apoyo fue fundamental debido al alto costo del proceso político en California y los recursos limitados disponibles para las comunidades de la clase trabajadora para fomentar la participación de nuevos migrantes en las elecciones. Miguel Contreras, María Elena Durazo, y Eliseo Medina (Vicepresidente de SEIU Internacional) crearon la Organización de Trabajadores de Los Ángeles (OLAW, por sus siglas en Inglés). OLAW fue creada para apoyar el desarrollo político y educacional de los activistas sindicales que movilizaron los votantes en las comunidades poco-representadas en Los Ángeles. A través de disposiciones en los contratos sindicales conocidos como "compra del tiempo del organizador," los sindicatos tienen la capacidad de comprar el tiempo de los trabajadores, para que puedan tomar un permiso de ausencia temporal de su empleo y participar en campañas políticas y de empadronamiento de votantes. [7] La mayoría de los organizadores sindicalistas que trabajan con este tipo de permisos, mejoran sus capacidades y habilidades al participar en múltiples elecciones. Estos organizadores con permiso temporal han sido una importante base en el desarrollo del poder político que se ancla en un enfoque de base en la organización sindical y comunitaria.

La estrategia de la movilización política de Miguel cambio fundamentalmente el ambiente político en la ciudad de Los Ángeles y en todo el estado de California. Bajo su liderazgo, durante la temporada electoral la Federación Laboral del Condado de Los Ángeles fue capaz de movilizar efectivamente a miles de activistas sindicales, y concentrarse en los trabajadores migrantes recién naturalizados y compañeros miembros del sindicato. El periodista Harold Meyerson describe el impacto político y organizativo de Miguel de la siguiente manera:

> "No puedo pensar en nadie involucrado en la política de ciudad hoy—y no me refiero sólo a Los Ángeles, me refiero a cualquier lugar en los Estados Unidos—que comanda tan bien la red de los activistas que caminan entre sus distritos, recursos financieros y consultores calificados, como lo hace Contreras año tras año." [8]

Además, Meyerson describió el éxito la Federación Laboral del condado de Los Ángeles en la incorporación de la clase trabajadora migrante de Los Ángeles en el proceso político como "la transformación cívica más sorprendente y significativa en la historia reciente de América."[9] Durante el mandato de Miguel, la Federación del Condado de LA ayudó a elegir a muchos "defensores de los trabajadores" a cargos políticos.

Campañas Históricas

En 1996, cinco de los seis candidatos a la legislatura estatal que fueron respaldados por la Federación Laboral del condado de Los Ángeles, ganaron sus elecciones. Sus argumentos fueron reforzados por $160,000 dólares en contribuciones a estas campañas por parte de los sindicatos[10] En 1997, la Federación Laboral del Condado de LA respaldó a Gilbert Cedillo, un líder sindical de SEIU 660, a la Asamblea Estatal de California. Cedillo era un político desconocido compitiendo por un escaño en la asamblea de un distrito muy Latino con una participación de votantes no muy reconocida. Con el apoyo de la Federación Laboral del condado de Los Ángeles, Cedillo realizó una campaña enfocada en el registro de nuevos votantes, una caminata independiente en el distrito, y un programa de correo directo de alcance a los nuevos votantes Latinos del distrito. La campaña de Cedillo transmitió un mensaje fuerte a los votantes Latinos y prometió trabajar con los trabajadores para contrarrestar las políticas xenofóbicas y anti-migrantes del Partido Republicano. Estos esfuerzos fueron fundamentales en la victoria de Cedillo. Cedillo puedo sobreponerse a un déficit de dos dígitos en las encuestas antes de la elección, a ganar la contienda electoral con una votación final que le dio el 44 por ciento del recuento de los votos en contra del porcentaje de votación de su oponente.

En un esfuerzo por limitar el crecimiento del movimiento obrero de Los Ángeles, los opositores al movimiento obrero presentaron la Proposición 226, también conocida como Prop 226, en 1998. Esta iniciativa electoral fue un intento del Partido Republicano y sus aliados para evitar la movilización de la membresía de los sindicatos para las campañas políticas o fines electorales[11]

Cientos de miembros del movimiento obrero fueron transferidos para ser empleados por la Federación Laboral del Condado de Los Ángeles para llevar a cabo una amplia campaña para derrotar la Prop. 226. Hablando del movimiento laboral y el esfuerzo realizado para derrotar esta propuesta, Miguel explicó:

"Nos movilizamos arriba y abajo del estado como nunca antes lo habíamos hecho, porque nuestra vida política estaba en peligro. Sabíamos que era un audaz intento por parte de las fuerzas derechistas para sacar a los obreros del proceso político. Si ellos tenían éxito, nos podrían sacar del proceso para ayudar a elegir un gobernador, ellos hubieran podido promover iniciativas de ley para reducir el salario mínimo, legislación sobre el derecho al trabajo, y legislación para reducir los niveles de salud y seguridad. Iba a ser un proceso domino. Así que tuvimos que tomar una posición." [12]

La Propuesta 226 fue rechazada por un margen de 53 por ciento a 47 por ciento, y que bien podría haber pasado si no fuera por el éxito de la movilización de los obreros que resultó en un 75% de los votantes Latinos en contra de esta propuesta de ley (Pyle et al. 1998). [13]

Ese mismo año, la Federación Laboral del Condado de Los Ángeles ayudo a otro ex organizador sindical y uno de sus más fuertes aliados, Antonio Villaraigosa, en su candidatura exitosa para dirigir la Asamblea Estatal de California. Esta no sería la primera vez que los sindicalistas de Los

Linda Chávez Thompson, Fabián Núñez, y Miguel Contreras [cortesía de Slobodan Dimitrov]

Hilda Solís [cortesía de Slobodan Dimitrov]

Ángeles apoyaran a Villaraigosa en su candidatura a un puesto de elección. En el 2001, la Federación Laboral del Condado de Los Ángeles aposto con Villaraigosa para que se lanzara a la alcaldía de Los Ángeles. En esa elección, La Federación Laboral del Condado de Los Ángeles orquestó una campaña fuerte de obrero a obrero. Villaraigosa perdería esa primer ronda por la alcaldía contra el titular de esta (James Hahn), un demócrata pro-sindicalista, pero la increíble movilización de esta campaña fue una señal fuerte de la creciente alianza obrero-Latina. Reflexionando sobre esta campaña, Miguel dijo:

> *"No hay duda de que éramos las alas debajo de la campaña de Villaraigosa. Todo el mundo reconoce nuestro trabajo al poner a Villaraigosa a pocos puntos de ser alcalde de Los Ángeles, ¿y quien habría pensado que el movimiento obrero podía hacer eso? Cinco o seis años atrás, era impensable que este movimiento obrero pudiera llevar a alguien a estar muy cerca de ganar la alcaldía de Los Ángeles, pero lo hicimos. Nuestros sindicatos se activaron más que nunca. Nosotros recaudamos más fondos que nunca antes. Un día nos llegaron 2,700 personas que caminaron por el distrito apoyando a Antonio Villaraigosa. Hicimos cientos de miles de llamadas telefónicas. ¡Muchas cosas sonaban! Circunstancias fuera de nuestro control determinaron el resultado final de la campaña, pero todos le dirán que en Los Ángeles, sólo hubo un ejército en las calles y que este era el ejército del sindicato."* [14]

El ejército del sindicato movilizado por la Federación Laboral del Condado de Los Ángeles demostró con éxito su capacidad para registrar los votantes migrantes y movilizar su base hacia la victoria electoral de Villaraigosa al Consejo Municipal de Los Ángeles en 2003. En el 2005, Antonio Villaraigosa se convirtió en alcalde de Los Ángeles, la segunda metrópolis más grande de la nación.

El apoyo sindical a Villaraigosa no fue la primera vez que la Federación Laboral del Condado de Los Ángeles desafió a un titular Demócrata con un registro de votación pro-sindicalista. En el 2000,

Miguel y la Federación Laboral del Condado de Los Ángeles tomaron una decisión controversial al apoyar a Hilda Solís como candidata a la Cámara de Representantes de los Estados Unidos. Muchos líderes del Partido Demócrata se alarmaron porque los sindicalistas de Los Ángeles habían decidido apoyar a Solís por encima de un titular discreto. Miguel explico el apoyo a Solís de la siguiente manera:

"Los demócratas estuvieron llamando y diciendo, 'Ustedes no pueden hacer esto'.... Nosotros tuvimos que decirles que [el titular] no era lo suficientemente bueno. Nosotros queremos un guerrero para las personas trabajadoras y esa es nuestra consigna de ahora en adelante. Nosotros lanzamos una campaña a favor de Hilda Solís contra un titular Demócrata, y el día de las elecciones ella ganó dos a uno. Pero aún más importante que enviar a Hilda Solís al Congreso fue el mensaje enviado a los demócratas de que nosotros esperamos más y que íbamos asegurar que cumplieran con sus responsabilidades." [15]

Miguel demostró que los obreros y la comunidad migrantes no sólo podían trabajar juntos eficazmente, sino que su poder también podría aprovecharse para intervenir en la estructura de poder prevalente en el Partido Demócrata.

Aunque Miguel no paso mucho tiempo en Sacramento, el fue una de las personas más influyentes en la política estatal.[16] Miguel fue muy hábil al reclutar a sus colaboradores más talentosos y de pensamiento de vanguardia para ocupar puestos de elección popular. Por ejemplo, Miguel desempeño un papel fundamental en las elecciones de sus antiguos directores políticos del Condado de Los Ángeles, Fabián Núñez a la Asamblea Estatal de California en el 2002 y Martin Ludlow al Consejo Municipal de Los Ángeles en el 2003. Ambos individuos tenían una relación estrecha de trabajo con Miguel, pero Miguel nunca dejo que la Federación del Condado de Los Ángeles apoyara a un candidato simplemente por sus relaciones personales.[17] Miguel no solamente lanzo a Fabián Núñez a la victoria por la oficina estatal, sino que también organizo su elección a la poderosa posición de Presidente de Asamblea Estatal durante el primer término de Núñez.

Miguel fue un hombre de trabajo intenso, pensador consumado que entendió el valor de la información clara y utilizo de manera brillante esa información en la escena política. Miguel estaba en constante búsqueda de datos de diversas fuentes. Según Martin Ludlow:

"Miguel se sentaba en su sillón negro y levantaba las lentes sobre su cabeza. El leía metódicamente la lista de votantes. Él leía los boletines de noticias que salen de cualquier entidad con información política acerca del estado de los respaldos políticos y recaudación de fondos. Él utilizo múltiples niveles de información y datos. Para Miguel esos números tenían que tener sentido y esos números se debatían ampliamente." [18]

Miguel a menudo juntaba un equipo de estrategas y consultores políticos para discutir objetivos específicos de campañas importantes. Los equipos que Miguel formó fueron un testimonio de su liderazgo y astucia política, pues las personas que el reunía no eran sus amigos necesariamente. Su denominador común era compartir un propósito de evaluar datos disponibles, las estadísticas y la investigación.[19] Miguel tomaba los datos debatidos por sus asesores más confiables para crear una imagen potente, precisa, y convincente. El periodista político, Harold Meyerson publico una conversación que tuvo con Miguel en lo que respecta a la campaña de Martin Ludlow. Meyerson relató las palabras de Miguel de la siguiente manera:

"Estamos visualizando a una afluencia de 25 por ciento de votantes," [Miguel] comenzó, "alrededor de 20,000 votantes -- se necesitaran 10,000 para ganar." Con esto, se puso de pie, se acerco al tablero blanco, haciendo un gran circulo (el Distrito 10) con un marcador negro, y comenzó a delinear la campaña de trabajo en nombre de Ludlow." Hay 12,000 votantes Latinos en el extremo oriente del distrito; nosotros pensamos que Martin puede obtener 3,000 votos ahí. Veinticinco trabajadores del Local 11 [de los Empleados de Hoteles y Restaurantes] estarán allí en uso de licencia de trabajo de tiempo completo, deberán haber 100 caminantes cada fin de semana y ocho piezas de correo." En el extremo oeste del distrito norte de la autopista 10 el dibujo otro círculo, que incluye la mayoría de los votantes blancos del distrito, "Once mil de ellos, comunidad judía en gran parte; [al oponente] nunca le fue bien ahí. La campaña de Martin esta trabajando ahí, el podría conseguir 4,000 votos. En la comunidad Afro-Americana del distrito - principalmente la zona al sur del 10 -- hay 28,000 votantes, y nosotros haremos nuestra primera operación suprema ahí. Nosotros tenemos 35 trabajadores de cuatro sindicatos de tiempo completo... trabajando ahí también. Martin debe obtener 5,000 votos allí... Si sumamos los 3,000, más 4,000 y los 5,000 Martin debe obtener 12,000 votos." [20]

Según Meyerson, "Tres semanas después del día que Contreras había trazado todo esto con sus concejeros, [esto] es precisamente lo que Ludlow consiguió. Como predijo, la participación fue del 25 por ciento, y todos los grupos de apoyo funcionaron como Contreras dijo." [21] En la carrera por el Consejo Municipal de Los Ángeles, Ludlow pasó de trece puntos abajo en la primaria a

Antonio R. Villaraigosa, James Hahn, Miguel Contreras, Alex Padilla, y Richard Riordan
[cortesía de la Federación Laboral del Condado de Los Ángeles]

comandar la victoria contra un oponente que tenía un apoyo considerable dentro del liderazgo de la vieja guardia Afro-Americana.

Si bien el poder electoral obrero se atribuye directamente a la amplia coalición obrero-Latina que Miguel ayudó a forjar, Miguel fue un defensor persistente de que el apoyo a los candidatos políticos se basaran no en la identidad política sino en la voluntad del candidato a ser un "guerrero de las familias trabajadoras." Como resultado, la Federación Laboral del Condado de Los Ángeles alcanzo importancia ascendente en la coalición política con la comunidad Afro-Americana de Los Ángeles.

En el 2004, la Federación Laboral del Condado de Los Ángeles apoyó a Karen Bass en su candidatura para la Asamblea de Estado. Bass era una aliada progresista de la causa de los trabajadores. Además, ella fue una líder reconocida por la comunidad Afro-Americana que construyó una base comunitaria Negra-Latina, organizando por la justicia social en el sur de Los Ángeles. Con el respaldo de la Federación Laboral del condado de Los Ángeles, y el amplio apoyo de las organizaciones comunitarias y de vanguardia de Los Ángeles, Bass fue victoriosa. Cuatro años más tarde, Bass se convirtió en la primera mujer Afro-Americana líder de la asamblea legislativa del estado.

Los dirigentes políticos destacados son solo una muestra de las personas que fueron elegidas en gran parte debido al esfuerzo sistemático de los trabajadores por construir un bloque de votantes migrantes-obreros como un auténtico reflejo de la diversidad de la clase trabajadora en Los Ángeles. Elección tras elección, la visión de Miguel fomentó coaliciones poderosas uniendo a los trabajadores con organizaciones de jóvenes, mujeres, ambientalistas, y grupos minoritarios. Como resultado, la Federación Laboral del Condado de Los Ángeles ha apoyado a políticos pro-sindicalistas de vanguardia en cargos políticos a todos los niveles. Miguel ayudó a elegir a "los guerreros por las familias trabajadoras" al Consejo Municipal de Los Ángeles, a la Asamblea Estatal de California, al Senado Estatal de California, y a la Cámara de Representantes de los Estados Unidos. Bajo su liderazgo, los obreros de Los Ángeles se convirtieron en la fuerza política más dinámica e influyente en el estado y posiblemente en la nación.

La trayectoria de la carrera de Miguel refleja una lucha permanente por los derechos de todos los trabajadores independientemente de su origen racial, étnico, género, religión, estatus migratorio, u orientación sexual. Miguel ayudó a construir un Los Ángeles nuevo y más justo que valora los sindicatos y a sus trabajadores.

Reflections of Jackie Goldberg

Yo conocí a Miguel primordialmente por medio de Maria Elena Durazo y HERE-Local 11. Era muy alentador escucharlo hablar sobre la importancia de organizar a aquellos que no estaban organizados. Dicho método se alineaba con su visión de cambiar Los Ángeles y su reputación de mas de cien años de ser una ciudad anti-sindicalista.

Como líder laboral Miguel no solamente ofrecía discursos en los banquetes y mítines políticos. El era un hombre de acción. Miguel era un organizador y tenia en su visión a la Federación Laboral del Condado de Los Ángeles como una organización activista y no un club social. Como resultado de esta visión el movimiento laboral creció inmensamente bajo su mando. El invirtió grandes recursos para organizar a los guardias de seguridad, empleados de la ciudad, enfermeras, conductores de autobuses, empleados de limpieza, y a la nueva fuerza trabajadora migrante de la cuidad. El también organizo a políticos hacia la causa de los sindicatos. Por ejemplo, hizo un llamado a lideres políticos que la Federación Laboral del Condado de Los Ángeles había ayudado a ser electos, a que ayudaran con la campaña de empleados de limpieza en Century City.

Judy Chu, Paul Koretz, y yo fuimos los primeros oficiales elegidos en levantar nuestras voces y pronto muchos siguieron nuestro ejemplo. Esta era una de las maneras en las que Miguel atrajo la atención del público hacia las luchas de las familias de trabajadores. Para esta causa, el simplemente no aceptaba un "no" como respuesta. El creo coaliciones poderosas que demostraron el poder que tenia la voz sindical unida que no solo escribían cartas pero también tomaba acción en las calles de la ciudad.

Miguel fue responsable de actualizar la tecnología de la Federación Laboral del Condado de Los Ángeles. El modernizo la tecnología, las computadoras, y los sistemas telefónicos para poder hacer campañas en beneficio de los trabajadores. También era un fuerte aliado de LAANE (Alianza para una Nueva Economía de Los Ángeles) y su campaña para aprobar la ley de salarios justos en Los Ángeles.

Yo me acuerdo que al principio del trabajo de Miguel, muchas personas subestimaron su liderazgo. Al final, nadie lo subestimaba.

Reflections of Martin Ludlow

Miguel era brillante y un absoluto comediante. Tenía un gran sentido de humor y disfrutaba momentos de riza genuina. Su sentido de humor era refrescante y necesario dentro de la arena política. El sabia muy bien que la política no era para aquellos con falta de convicciones. Algunos de estas carreras políticas pueden dividir a familias y a comunidades enteras. Era la personalidad de Miguel, su sentido de humor, su lealtad, y su visión, lo que reunió de nuevo a comunidades y a candidatos que anteriormente habían sido rivales.

Para un hombre que decía no tener mucha educación formal, Miguel era un genio político. Me recuerda a un dueño de una tienda por la calle Main St. que nunca fue a la universidad pero tiene una maestría en la capacidad de predecir recibos así como las computadoras lo hacen y es metodológico en estar al día con su inventario. Afortunadamente, los intereses de Miguel no eran en tener un negocio, si no mas bien en transformar el panorama político de Los Ángeles, y también de California. Miguel tenia conocimiento sobre como trabaja la política, principalmente por que reunía información de diferentes fuentes. Como resultado la gente se dirigía hacia Miguel, y así si algo digno de mención ocurría dentro de una campaña, las personas primero le llamaban a Miguel para compartir con el la información, los datos, y los resultados. Era asombroso por que todos regresaban las llamadas de Miguel. La información que Miguel tenia también venia de los grandes equipos que el reunía para las campañas. Sus equipos tenían raíces no solamente en amistad, pero también desde un objetivo común para luchar en nombre de las familias trabajadoras. A través de ver a alguien a los ojos Miguel podía determinar si tenían el espíritu, la energía, y la lealtad de ir al mas allá y luchar para los trabajadores y sus comunidades.

Miguel también entendía el ego de los políticos. Dependiente de la necesidad, Miguel hacia un gran trabajo en hacer los egos de los políticos humildes o de alimentarlos. El lugar más peligroso para un político era detrás de un micrófono cuando Miguel era el maestro de ceremonias. Miguel normalmente les detenía el micrófono al los políticos. Si el pensaba que el discurso era muy largo, muy egocéntrico, o simplemente no era bueno, no le importaba quitar el micrófono a la mitad de un discurso en frente de miles de tus constituyentes. Luego, de un de repente decía, "Muchas Gracias", chistosamente volteaba los ojos, se reía un poco y decía, "y ahora...para un buen presentador".

La visión de Miguel, su liderazgo, y su compromiso hacia las causas de justicia social son extrañados, pero su legado jamás será olvidado.

Reflexiones Personales Speaker Karen Bass

"Aquellos de nosotros que conocimos personalmente a Miguel Contreras vimos de primera mano la diferencia que el logro. Pero el verdadero legado es como Miguel toco las vidas de personas quienes nunca lo conocieron. Este hijo de braceros desarrollo un fuerte sentimiento de justicia y compasión, y combino este sentir con el inigualable conocimiento para organizar, y su magnetismo personal para poder ayudar a convertir el movimiento laboral en Los Ángeles en una fuerza clave en la política y la economía del estado.

Como una organizadora comunitaria en Los Ángeles, trabaje muy a menudo de cerca con Miguel. Con gran respeto fui testigo de su trabajo pionero, primero con HERE y luego con la Federación Laboral del Condado de Los Ángeles, en donde tomo estas organizaciones enfrentadas entre si y con grandes retos y logro unirlas y consolidarlas; convirtiéndolas en grandes referentes de apoyo para trabajadores de bajo salarios, migrantes, y otras personas vulnerables dentro de nuestra sociedad.

Miguel fue una de las primeras personas que me convoco a que me postulara para un puesto de elección popular. El creía en la importancia de que hubiera oficiales electos Afro-Americanos y estaba comprometido a mejorar las relaciones y crear coaliciones entre la comunidad Latina y la comunidad Afro-Americana. El sabia que el desarrollo de dichas relaciones comunitarias eran muy importantes en un lugar diverso como la ciudad de Los Ángeles.

La influencia de Miguel Contreras aun perdura dentro del movimiento laboral, en la municipalidad, y en el Capitolio Estatal. Su pasión por mejorar las vidas de los trabajadores y su compromiso para crear organizaciones fuertes, persona por persona, aun pueden ser vistas en aquellos que siguen en la lucha y que comparten su visión para la justicia social."

Notes

1   *L.A. CONFIDENTIAL: UNA ENTREVISTA CON MIGUEL CONTRERAS Milkman, Ruth, Wong, Kent. New Labor Forum. New York: Primavera 2002. , Iss. 10; pg. 52*

2   Miguel Contreras speech, L.A. County Federation's First Delegates Congress in September 2004

3   Entrevista de Los Angeles Times; Miguel Contreras: Un Jefe para la Nueva Generación que Amplia la Atracción del Partido Laboral; Ted Rohrlich. Los Angeles Times. Los Angeles, Calif.: Enero 31, 1999. pg. 3

4   La Paradoja de la Movilización Política Contemporania del inmigrante: Trabajo Organizado, Migrantes Indocumentados, y la Participación Electoral en Los Angeles por Monica Varsayi, pg. 783.

5   La Paradoja de la Movilización Política Contemporania del inmigrante: Trabajo Organizado, Migrantes Indocumentados, y la Participación Electoral en Los Angeles por Mónica Varsayi, pg. 785

6   ibid.

7   "Perdedores de Tiempo" no solo participan como ciudadanos activos en el proceso democrático, pero a través de OLAW ellos también han podido adquirir nuevas herramientas políticas, organizacionales, y de liderazgo que llevan a sus lugares de trabajo.

8   "El Padrino: Miguel Contreras y el Nuevo Los Angeles," L.A. Weekly, Junio 5, 2003, por Harold Meyerson.

9   "El Arquitecto: Miguel Contreras, 1952-2005," L.A. Weekly, Mayo 12, 2005, por Harold Meyerson.

10 "Organización Inmigrante y el Nuevo Movimiento Obrero en Los Angeles," Critical Sociology, Vol. 26, No. 1-2, 59-81 (2000) por Ruth Milkman.

11 Proposición 226 fue un esfuerzo para prohibir la colección de dólares COPE sin autorización escrita de los miembros sindicales.

12 Entrevista de Los Angeles Times: Miguel Contreras: Un Jefe para la Nueva Generación que Amplia la Atracción del Partido Labora," Los Angeles Times, por Ted Rohrlich, Enero 31, 1999.

13 Organización Inmigrante y el Nuevo Movimiento Obrero en Los Angeles," Critical Sociology, Vol. 26, No. 1-2, 59-81 (2000) por Ruth Milkman.

14 L.A. CONFIDENTIAL: Una Entrevista con MIGUEL CONTRERASMilkman, Ruth, Wong, Kent. New Labor Forum. New York: Primavera 2002. , Iss. 10; pg. 52

15 L.A. CONFIDENTIAL: Una Entrevista con MIGUEL CONTRERAS Milkman, Ruth, Wong, Kent. New Labor Forum. New York: Primavera 2002. , Iss. 10; pg. 52

16 Entrevista con Kent Wong, Noviembre 24, 2008.

17 Todos los candidatos políticos tenían que pasar por el mismo proceso riguroso que les diera el respaldo necesario del Concilio de delegados de Educación Política (COPE) del la Federación de Condado de Los Angeles.

18 Entrevista con Martin Ludlow en Diciembre 9, 2008.

19 Ibid.

20 "El Padrino: Miguel Contreras y el Nuevo Los Angeles," L.A. Weekly, Junio 5, 2003, por Harold Meyerson.

21 Ibid.

¡MIGUEL CONTRERAS PRESENTE!

Maria Elena Durazo y Michael Contreras [cortesía de Slobodan Dimitrov]
Maria Elena Durazo hablando en mitin político "De Hollywood a los Muelles" [cortesía de la Federación Laboral del Condado de Los Ángeles]

CAPÍTULO CINCO

"**La riqueza verdadera** no se mide en dinero, ni **estatus**, o poder. Es medida por **el legado que dejamos** para los que amamos e **inspiramos**"

~ Cesar Chavez

Durante gran parte de la historia de la ciudad, Los Ángeles ha sido conocida ampliamente como una metrópolis anti-sindicalista. Hoy en día, Los Ángeles es uno de los centros más dinámicos de actividad sindical en el país a través de la revitalización del movimiento obrero, movilización de los derechos de migrantes, y la expansión del poder político de los obreros. Miguel Contreras estuvo a la vanguardia de esta transformación.

Miguel falleció a consecuencia de un ataque al corazón el 6 de mayo de 2005. Su muerte inesperada sorprendió a la comunidad laboral. Según el LA Times, un miembro del personal de Screen Actors Guild, que se había reunido con Miguel pocos días antes de su fallecimiento, declaró: "Estábamos planeando una manifestación en dos semanas. Nunca he estado en una reunión sindical sin Miguel." [1] El 12 de mayo del 2005, en uno de los funerales más grandes en historia reciente, miles de dirigentes sindicales, trabajadores y migrantes se reunieron con funcionarios electos y líderes empresariales para honrar a Miguel en la Catedral de Nuestra Señora de los Ángeles, en Los Ángeles. En una despedida dramática, el ataúd de Miguel paso por miles de trabajadores con pancartas de su sindicato en alto a lo largo de tres cuadras. A medida que la procesión se acercaba a la Catedral, la multitud, estimada en unas 4,500 personas, marchó detrás usando las camisas coloridas de sus respectivos sindicatos ó camisetas negras con el retrato de Miguel que decían, "No Llores, organiza."

Misa Fúnebre de Miguel Contreras [cortesía de Slobodan Dimitrov]

Complexo de Aprendizaje Miguel Contreras [cortesía del Miguel Contreras Learning Complex]

El 14 de mayo del 2005, un grupo más pequeño de miembros familiares, organizadores de la UFW, y dirigentes sindicales se reunieron en Dinuba, California, la ciudad natal de Miguel. Entre los viñedos, huertos y campos agrícolas del Valle de San Joaquín, el cuerpo de Miguel se colocó a descansar al lado de su padre, su héroe auto-proclamado. Como tradición de la UFW, los acompañantes dolientes estallaron en un aplauso fuerte y rítmico, símbolo apropiado y oportuno del legado permanente de Miguel. Al igual que en la vida de Miguel, el aplauso de los campesinos representa el movimiento. Las personas pueden aplaudir en ritmos diferentes así como tienen niveles distintos de conciencia política, compromiso y prioridades. Sin embargo, la tradición de UFW de aplaudir al terminar una reunión, une a las personas y sirve como recordatorio poderoso de la fortaleza de la unión en una lucha común.

Marchas por los Derechos de los Inmigrantes del 2006

Desde su fallecimiento, la influencia de Miguel sigue resonando entre los trabajadores y migrantes. A menos de un año de su muerte, la marcha más grande por los derechos de los migrantes en la historia de los Estados Unidos se celebró en Los Ángeles el 1 de mayo del 2006. La marcha del Primero de Mayo fue la movilización más grande en la historia de la ciudad, con un millón de personas representando una coalición de base amplia de organizaciones comunitarias, estudiantes, religiosos, y laborales que marcharon en apoyo a los derechos de los migrantes. Fue Miguel quien estableció la base importante para la convergencia entre grupos obreros, comunitarios, religiosos, y organizaciones estudiantiles para unirse a favor de los derechos de los migrantes en Los Ángeles. El Primero de Mayo hubo dos sucesos separados. La primera marcha tomo lugar desde de la intersección de Olympic Boulevard y la Calle Broadway hacia el edificio del cabildo de Los Ángeles. La segunda marcha inició en el Parque MacArthur y continuó por más de cuatro millas sobre Wilshire Boulevard hasta La Brea Boulevard, donde María Elena Durazo fue maestra de ceremonia de una manifestación masiva y animada. El objetivo principal de ambas marchas tenía como propósito la oposición a la propuesta legislativa en el Congreso, HR 4437. Este proyecto de ley intentaba criminalizar a los migrantes indocumentados y también

Vigilia con velas para Miguel Contreras [cortesía de Slobodan Dimitrov]

a las organizaciones sindicales, comunitarias y religiosas que brindaban apoyo a los mismos indocumentados. En gran parte y debido a la movilización masiva que se dio en Los Ángeles y en toda la nación, la propuesta HR 4437 fue rechazada en el Senado de los Estados Unidos. [2]

El Edificio de Aprendizaje Miguel Contreras

En memoria de Miguel, diversas instituciones han sido nombradas en su honor. El Edificio de Aprendizaje Miguel Contreras (MCLC por sus siglas en inglés), cerca de la esquina de la Calle 4ª y la Avenida Lucas en el centro de Los Ángeles, es la primer escuela secundaria de Los Ángeles nombrada en honor a un líder sindical. La ubicación de la escuela es apropiada, antiguamente era la sede del Local 11 de HERE, la sede del sindicato que Miguel ayudo a reconstruir cuando llegó por primera vez a Los Ángeles en 1987. [3] Además fue ahí que Miguel, su esposa María Elena Durazo, y otros dirigentes sindicales convocaron a reuniones para aprovechar la vitalidad e imaginación de la clase inmigrante trabajadora en Los Ángeles. El MCLC abrió sus puertas a 1,800 estudiantes el 5 de Septiembre del 2006. La escuela sirve a estudiantes de los grados nueve a doce, se divide en tres Pequeñas Comunidades de Aprendizaje (SLC por sus siglas en inglés): Estas son Liderazgo Académico Comunitario, Justicia Social Comunitaria, y la Comunidad de Negocios y Turismo. Un año después de su apertura, MCLC fue galardonada con la "Distinción de Downtowner," que reconoce proyectos que reflejan de una manera positiva los barrios que estos sirven. Mónica García, miembro de la Junta, declaró: "[El] Centro de Aprendizaje Miguel Contreras, como la tradición que lleva su nombre, sirve para educar, animar y empoderar a nuestros estudiantes." Continua, "La escuela al ser honorada como un proyecto que hace del Centro de Los Ángeles un mejor lugar para vivir, trabajar, y visitar, también es un homenaje a Miguel Contreras y una victoria resonante para la comunidad."[4]

Programa Sindical y Fundación Miguel Contreras

En enero del 2007, el Instituto de campos-múltiples de Trabajo y Empleo de la Universidad de California fue rebautizado como Programa Obrero Miguel Contreras (MCLP, por sus siglas en inglés). Uno de los centros afiliados del MCLP, el Centro para la Investigación Obrera y Educación de UCLA, está trabajando con la Federación Laboral del Condado de Los Ángeles para establecer la Fundación Miguel Contreras. La Fundación trabajará para llevar a cabo

Ceremonia de apertura del Centro Laboral de UCLA

la visión de Miguel de construir lazos fuertes entre el movimiento de derechos de los inmigrantes, el movimiento sindical, las organizaciones comunitarias y la fomentación de la justicia para los trabajadores de Los Ángeles. La misión de la Fundación Miguel Contreras es fortalecer el acceso a la educación para los jóvenes, promover la participación cívica, la participación de los votantes, y apoyar la integración de los migrantes a la comunidad. María Elena Durazo dijo, "La Fundación Miguel Contreras esta construyendo una generación nueva de líderes de la clase trabajadora en Los Ángeles. Esta forjando alianzas entre el movimiento obrero y los centros de base comunitaria, y unificando a los trabajadores migrantes y locales. Aquí es donde está el futuro de L.A."

Recordamos Mientras Avanzamos

La Federación Laboral del Condado de Los Ángeles ha seguido desempeñando un papel importante como modelo nacional para las organizaciones laborales y sindicales, y de guía para la revitalización del movimiento sindical. El 15 de mayo del 2006, María Elena Durazo fue elegida para trabajar como tesorera-secretaria ejecutiva de la Federación Sindical del Condado de Los Ángeles. Se convirtió en la primera mujer y primera mujer de una minoría racial al frente de más de 300 sindicatos locales y líder de más de 800,000 trabajadores en el área de Los Ángeles. En la primavera del 2008, en respuesta a la recesión económica, la crisis de las viviendas a nivel nacional, el aumento del desempleo, y el creciente costo de bienes de la canasta básica, la Federación Laboral del Condado de Los Ángeles organizo una marcha de tres días denominada "de Hollywood a los Muelles." La marcha comenzó en el corazón de Los Ángeles en Wilshire Boulevard el 25 de Abril del 2008 y atravesó 28 millas. La marcha terminó tres días después con miles de trabajadores manifestándose frente al Puerto de Los Ángeles en San Pedro. María Elena Durazo dijo:

"Mientras que la inflación y la perdida de viviendas siguán aumentando y los elementos esenciales que necesitamos para seguir como el gas, la leche, y el pan siguán subiendo; los trabajadores de Los Ángeles están tomando una posición. Vamos a luchar por buenos puestos de trabajo para poder sobrevivir estos tiempos difíciles. Vamos a luchar para mejorar nuestras familias, mantener nuestros hogares, nuestras pensiones y la atención a la salud."

Ella continuó, "Hay muy poca gente en la cima, mucha gente abajo - y cada vez menos en el medio. Tenemos que seguir luchando por buenos puestos de trabajo para mantener un estándar de vida de clase media, pues es el patrimonio de todos los trabajadores Americanos." [5] Miles de trabajadores y miembros de la comunidad participaron en esta marcha sin precedentes, en lo que el movimiento sindical denomino como "La Lucha por buenos Empleos. La movilización "de Hollywood a los Muelles " triunfo al construir un amplio apoyo comunitario para la renegociación del contrato de 30 sindicatos locales que representan a más de 350,000 trabajadores de esas industrias y profesiones incluyendo estibadores, entretenimiento, cuidado en casa, educación y de los servicios de edificios. Ese mismo año, más de 30,000 conductores del puerto, oficiales de seguridad, trabajadores de lavado de carros, trabajadores de hoteles, trabajadores de construcción, y trabajadores de servicios de pasajeros del aeropuerto de Los Ángeles continuaron su lucha por organizarse en sindicatos.

El impulso que se construyó a partir de la movilización de "de Hollywood a los Muelles" llevo a la movilización de la campaña presidencial del 2008, donde el movimiento sindical de Los Ángeles hizo más de 4 millones de llamadas a votantes sindicalistas en apoyo al candidato Demócrata a la presidencia Barack Obama. Este era el objetivo principal de Miguel, ayudar a elegir a un "guerrero para las familias trabajadoras" a la Presidencia de los Estados Unidos. En una entrevista con el LA Times Miguel dijo, "Me queda un último deseo, algo que quiero lograr: ayudar a que alguien llegue a la Casa Blanca." Miguel no fue testigo vivo de la victoria histórica de Barack Obama, cuando el 20 de enero de 2009 se convirtió en el 44º Presidente de los Estados Unidos. Sin embargo, la visión progresista de cambio de Miguel y su llamado determinante por el apoyo a las familias trabajadoras puede ser escuchado en muchos de los protegidos políticos de Miguel ahora dentro de la administración del Presidente Obama, y a través de todos los políticos de California. Por ejemplo, el 28 de febrero de 2008, Karen Bass fue elegida la 67ª Presidente de la Asamblea Estatal de California. Miguel personalmente buscó que Karen Bass se lanzara a un cargo público. Antonio Villaraigosa, el primer alcalde Latino de Los Ángeles desde 1872 y un gran amigo de Miguel, actuó como miembro del Consejo Asesor de Transición Económica del Presidente Obama. En diciembre del 2008, el Presidente Obama, escogió a la congresista Hilda Solís para ejercer como Secretaria Laboral. Miguel y la Federación Sindical del Condado de Los Ángeles fueron fundamentales en su elección al Congreso en el 2000.

Un producto de Movimientos Sociales

La vida de Miguel Contreras es un testimonio de los movimientos sociales de los siglos XX y XXI. Al igual que muchos de los líderes actuales dentro de las organizaciones sindicales y comunitarias, Miguel adquirió sus habilidades en la UFW y sus experiencias personales en la lucha campesina por mejores condiciones de trabajo, salarios justos, y aumento de beneficios. En el legado de César Chávez, Dolores Huerta, Felipe Vera Cruz, y muchos otros de la UFW, Miguel traslado esas habilidades para revitalizar al movimiento obrero a fin de que este representara los intereses de aquellos que trabajan, sudan, y crean la riqueza en nuestra sociedad. Miguel estimulaba la afiliación sindical y concentró los recursos en la organización de la nueva fuerza laboral migrante Latina. La organización de las diversas fuerzas sindicales de Los Ángeles ha dado poder a los miembros del movimiento obrero y ha permitido que los trabajadores puedan lograr cosas extraordinarias. El legado de Miguel también incluye la reconstrucción de la Federación Laboral del Condado de Los Ángeles como una de las fuerzas políticas más poderosas de la nación. La organización exitosa de los nuevos trabajadores inmigrantes en Los Ángeles, ha dejado su huella en el movimiento obrero a través de California y la nación.

La generación de líderes sindicales, comunitarios y políticos que fueron los primeros en comprometerse con la UFW y otras organizaciones importantes de derechos civiles de la época, han traspasado un valioso legado de lucha. Nuevas generaciones de activistas políticos están surgiendo con sus propias estrategias para lograr la justicia, la democracia, y el cambio social. El legado de Miguel al movimiento obrero, a los derechos de los migrantes, y la movilización política no será olvidado. Su legado continúa en todos aquellos que se esfuerzan por transformar sus comunidades y luchan por la justicia social. Las palabras de Miguel permanecerán como un fuerte llamado a la acción:

"Hoy en Los Ángeles, estamos hombro con hombro con grupos por los derechos de los migrantes, organizaciones comunitarias de base, grupos por los derechos civiles y [nosotros] decimos somos un movimiento, estamos unidos y no vamos a dejar de marchar hasta que la dignidad y el respeto sea dado a todos"

Notes

1   Hall, Carla and Monte Morin. "Obreros, Líderes Lloran 'Al Verdadero Miguel Contreras," Los Angeles Times 13 Mayo 2005.

2   HR 4437 paso en la Cámara de Representantes de los Estados Unidos el 16 de Diciembre del 2005 con un voto de 239 a 182 (con 92% de apoyo Republicano, 82% de demócratas en oposición), pero no paso en el Senado.

3   Mathews, Joe. "School Reflects a Love of Labor; L.A. district names a new campus west of downtown in honor of the late union leader Miguel Contreras." Los Angeles Times 15 Septiembre 2006, p. B.1.

4   "LAUSD's Miguel Contreras Learning Complex Honored." Los Angeles Unified School District Press Release. 27 February 2007.

5   "Three Day Hollywood to the Docks March Ends at the Port of Los Angeles in San Pedro with Massive Rally." The Los Angeles County Federation of Labor. 17 Abril 2008. < http://www.launionaflcio.org/pressreleases/080417-HD.pdf>

Reflexiones Personales Reverend James Lawson Jr.

Miguel era una persona en transición que cambio La Federación Laboral del Condado de Los Ángeles desde una organización de statu quo orientada al blanco hacia una concilio laboral multirracial, multicultural, y multilingüe que estaba detrás de un movimiento social. Miguel le dio vigor a la labor con una poderosa visión hacia la justicia económica y social. El insistió que los miembros de sindicatos tienen una conciencia vivida y de un sueño que se puede lograr no solamente para sus familias si no también para la comunidad entera. La visión y la energía de Miguel resultaban de su propio trabajo y su comprometimiento con el movimiento laboral y las familias trabajadoras. El trajo esa energía al concilio laboral, empujando aquellas personas en los sindicatos y dentro de la comunidad a que miraran hacia lo que era considerado imposible. Miguel no temía preguntar "¿Por qué no?" Por ejemplo, el pregunto ¿Por qué no es posible que los bomberos de la ciudad de Los Ángeles y los oficiales de policía lleguen a ser concientes hacia temas laborales y organizadores de sindicatos?

Yo recuerdo cuando Miguel hizo un llamada para una reunión que se tomo acabo en la oficina central del AFL-CIO. Dicha junta, compuesta de un grupo multicultural que provenía de la comunidad, era para hablar sobre como los sindicatos podrían emprender un trabajo mejor hacia temas de hambre y de personas "homeless" o sin hogar. Dentro de un cuarto de juntas teníamos desde 25-50 personas que incluyan lideres de iglesias, representantes de sindicatos, y activistas comunitarios. Miguel fue quien nos reunió y facilito nuestra sesión de ideas. Miguel fue el catalizador de una de las primeras veces en las cuales un concilio laboral ingenio una junta cooperativa sobre temas de hambre y de personas sin hogar en Los Ángeles. El quería que la labor tomara parte de estos temas importantes que desafortunadamente aun impactas a nuestras familias trabajadoras hoy en día.

Miguel era una persona valiente que trajo el entusiasmo y la esperanza a todo un movimiento laboral. El cambio la discusión de un paradigma hacia una discusión sobre que es lo que nuestras comunidades y nuestro movimiento pueden ultimadamente lograr a ser.

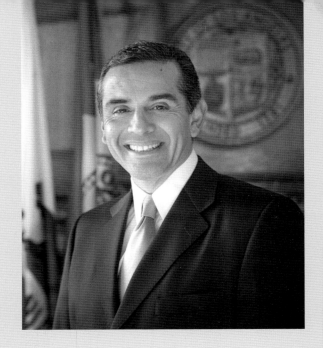

Reflexiones Personales Mayor Antonio R. Villaraigosa

Miguel Contreras es una de las figures mas importantes en la historia de Los Ángeles. Bajo su liderazgo, la Federación Laboral del Condado de Los Ángeles se convirtió en una fuerza para el progreso y el cambio, movilizando a trabajadores no solamente en el lugar de trabajo si no también dentro de las casillas de votar. Por el liderazgo de Miguel, el labor de Los Ángeles ha transformado la política localmente y a través del estado.

Miguel provino de una familia de trabajadores campesinos y el nunca se olvido de sus raíces. Su compromiso con los trabajadores era fijo. Su mensaje hacia los oficiales electorales era claro. El quería guerreros para la gente trabajadora.

Para muchos oficiales electorales luchando para el mejoramiento de la clase media de California, el apoyo del movimiento laboral de Los Ángeles ha sido critico. La unidad del movimiento laboral es un producto del liderazgo de Miguel, su visión, y su compromiso hacia familias trabajadoras.

Miguel tenía muchas grandes cualidades. El deleitaba el tiempo que pasaba con su familia. Era cariñoso, chistoso, y bendecido con gracia y confianza en si mismo. A miguel también le encantaba el negociar y el hacer tratos, aunque ahí no era el final. El logro atar cabos entre coaliciones improbables y logro apoyo audaces para poder convertir esta ciudad en un mejor lugar.

Ahora, personas a través del país pueden voltear hacia la ciudad de Los Ángeles y verla como un ejemplo de esperanza y nuevas posibilidades para personas trabajadoras.

Las contribuciones de Miguel hacia la gran vibración de esta ciudad no deben de ser irreconocidas.

Kent Wong is director of the Center for Labor Research and Education at UCLA where he teaches labor studies and Asian American studies.

Kent Wong *es el director del Centro de Investigaciones y Educación sobre temas Laborales en UCLA, y es en donde da clases sobre estudios laborales y Estudios Asiático Americanos.*

Michael Viola is a doctoral candidate of education at UCLA and a graduate researcher at the UCLA Labor Center.

Michael Viola *es un candidato doctoral en educación dentro de UCLA y es un investigador diplomado en el Centro Laboral de UCLA.*